与之言集

钟叔河

世界图书出版公司
北京·广州·上海·西安

自　序

《论语·卫灵公第十五》："子曰：可与言而不与之言，失人；不可与言而与之言，失言。知者不失人，亦不失言。"

孔夫子在这里讲的是知（智）者，也就是聪明人。聪明人会看人说话，说不得的话无论如何不会乱说，故能"不失人，亦不失言"。但我本庸人，并非智者，所以总是失言的时候多。一九五七年两大失言，一是"自由民主多点好"，二是"希望党外能办报"，结果当了二十二年右派。"文化大革命"中两大失言，一是"古旧图书烧了难得再印"，二是"自家天下怎么越乱越好"，结果判刑十年坐了九年。两次的结果都相当严重，全是"不可与言而与之言"惹的祸。

中国有句古话，"言多必失。"西方亦有谚语，"沉默是金。"明哲保身的道理，古今中外皆然。智者之所以能称智者，正是因为能够明白这个道理。失言的人其实也未必一点都不明白，但他并非智者，限于天分，想智也智不起来。他所看重的，不过是一个庸人也就是普通人（自然的人和社会的人）应该享有的一点权利——"言"的权利而已；而要争权利,即不得不付出代价。

孟子曰:"人之所以异于禽兽者几希。"这"几希"之别,我看就在于能言还是不能言。虽有"猩猩能言,不离走兽;鹦鹉能言,不离飞鸟"的说法,好像禽兽也有能言的例外;但它们所能者只是本能的鸣叫,或是声音的模仿,根本不可能表达自己的思想意识,和人类语言完全无法相提并论。反而言之,人类忝称万物之灵,有一张能言的嘴巴,如果只会在求食求偶时大呼小叫,或者只能照着主人的样哇啦哇啦,也就无异于猩猩和鹦鹉了。

周作人说过,嘴巴的用处有三:(一)吃饭,(二)接吻,(三)说话。前两项关系到生命的维持和延续,极为重要,但与猩猩鹦鹉的行为并无本质不同;第三项虽与生死无关(王实味、张志新等又当别论),却是人在生物界中独一份的权利。有权不用,过期作废,这期限顶多一百二十六年(人寿世界纪录),想不白白废掉可惜,真的还得趁早。如今开始讲和谐了,和字口边禾,人口要能吃饱,看来是做到了;谐字言边皆,让人皆能言,也应该能够做到吧。

所以,有媒体记者来访问,只要所问的答得出,我都愿"与之言"。我想,记者代表广大的受众,总不会都是"不可与言"的吧。这次吴兴元君希望出版我的自传,我说还没有写成哩;他又提议将报刊上发表的访谈记录编成这样的一册,我即乐于从命。因为出书不过是访谈的延伸和扩展,"失人"还是"失言"的得失,实在也无须过于计较。它们对于个人来说,影响有时的确严重;但若从社会文明进步的大趋势来看,亦终归只是大江东去的洑水和漩涡,无碍于"奔流到海不复回"的结局。

文本均据报刊原载,但记录未经本人校核过的,这次都由我作了必要的订正和补充,使符原意。答问所谈,有时不免重复,刊出在不同时候的不同报刊上也许呒啥,印在一本书里就不很妥当了,所以又不能不有所删节(如未删尽,敬请原谅)。报纸标题字数过多或渲染过当的,也不能不作些改动。但仍将原有标题、刊载日期和记者署名于文末分别注明,没有署名的则多系电话或书面访谈。有两次访谈是多人一起进行的,就只将本人的发言留下了。

二千零一十一年五月二十一日于长沙城北之念楼。

目 录

自 序 …………………………………… 1

01. 中国人怎样看西方 …………………… 1
02. 谈《走向世界丛书》 ………………… 13
03. 呼吁出版自由 ………………………… 20
04. 自己的点子和音色 …………………… 24
05. 走向世界的反思 ……………………… 26
06. 从士大夫到现代知识分子 …………… 32
07. 追思钱锺书先生 ……………………… 39
08. 跟书一辈子 …………………………… 43

09. 我用我的杯喝水	50
10. 老新闻的新价值	59
11. 谈办国学院	61
12. 从牢房走向世界	68
13. 谈作家办书院	73
14. 留住外地的读者	75
15. 出版泡沫谈	77
16. 一个平凡的读书人	80
17. 送别张中行先生	102
18. 自由的心境最重要	105
19. 丛书背后和里面	109
20. 喜读的书和读不懂的书	117
21. 启蒙的作用	119
22. 发人深省的力量	137
23. 大河在这里转弯	141
24. 走向世界刚起步	149
25. 人不会永远安于封闭	153
26. 钱锺书和我	158

27. 谈告密 ······ 162

28. 说说我自己 ······ 167

29. 走向世界路正长 ······ 185

30. 生活简单,思想复杂 ······ 193

31. 圆了一个梦 ······ 206

32. 谈谈周作人 ······ 208

33. 编书和写书 ······ 213

34. 书评和书话 ······ 224

35. 谈"时务学堂" ······ 226

36. 不伤知音稀 ······ 228

37. 从鸦片战争说起 ······ 234

38. 出版也要有理想 ······ 244

39. 不很适应时下的风气 ······ 248

40. 目标就是 One World ······ 252

出版后记 ······ 258

01　中国人怎样看西方
—— 1982.4 与 *Chinese Literature*

〇《走向世界丛书》第一辑三十六种,都是一八四七至一九〇七年间亲历欧美日本的记述,是传统中国人开始接触现代西方后的反应,很值得向国外读者推荐。现在请先介绍几种最早的记述好吗?

●《走向世界丛书》中写作时间较早的几种书,是中国人对西方国家进行直接观察的最初印象。

原来在厦门替美国商人当通事的林针,于一八四七年(清道光二十七年)随商船去美国,一八四九年回厦门后,写了《西海纪游草》一书,用古诗加注和骈文的形式,介绍其在海外见到的新鲜事物。如美国于一八四二年架设的第一条电报线路的情况是:每隔百步竖两根木杆,杆上架设铁线,铁线两头各有人管理;将二十六个字母编为暗号,由这一头发出暗号,那一头立刻就能收到。书中还写到了刚刚发明的照相机,称之为"神镜",说它依靠药品的力量,能够利用日光,照出花鸟人物的模样,并将其留下影来,他已经学会了使用它。

《西海纪游草》脱稿后,当时在福建主持"洋务"的大官左宗棠、徐宗幹等都很注意,此外还有多人给它题词作跋,随即汇刻成书,但是流传极少,近年来仅在厦门发现一本,封面有林鍼的儿子林古愚的题记,显系原来林氏家传之物,一九八〇年九月号《文物》月刊曾予以介绍。此次收入《走向世界丛书》的,就是这个本子。

中国人初到欧洲写成游记,比林鍼写《西海纪游草》还要迟十九年,只能从一八六六年斌椿的《乘槎笔记》和张德彝的《航海述奇》算起。

一八六六年(清同治五年),北京第一所外语学校——同文馆的三名学生,在时任海关总税务司的英国人赫德的提议和安排下,去欧洲作了一次旅行。领队的官员斌椿和学生张德彝,当时各写了一部游记。斌椿另外还写了不少诗(后来结集名《海国胜游草》)。其中一首咏他在巴黎、伦敦照相的诗:"意匠经营为写真,镜中印出宰官身;书生何幸遭逢好,竟作东来第一人。"

斌椿自称"东来第一人"并不是夸张。瑞典皇太后在接见斌椿时便说,在他们之前,还没有中国人到瑞典来游历过。斌椿回答道:中国官员从来没有远出重洋者,此次我如果不是亲自来欧洲,确实不会知道海外居然有这样的"胜境"。

这些"东来第一人"的直接接触,揭开了隔在远东和泰西之间的"水手辛巴德之幕",使中国人终于获得了关于西方的真实信息。这一点,在中国人走向世界的征途上,具有破天荒的意义。

英国是当时与中国关系最密切的西方国家。可是当一八四〇年英国军舰驶入广州内河时,道光皇帝还在打听:究竟英国地方有多大?和中国西北部有无陆路相通?跟俄罗斯是否接壤?连林则徐也认为,只要中国不卖给英国茶叶大黄,便可以置英国人于死地;还说英国兵士的腿脚被绑腿缠紧,没有法子打弯,登陆后根本不能作战。而斌椿等一行于一八六六年五月十七日从法国布伦渡海到达英国,当天就记载了:英国是由三个海岛构成的,东边两个岛相连,长二千余里,宽四五百里,南部叫英伦,北叫苏格兰,西边的岛叫爱尔兰。张德彝在伦敦、伯明翰等地,看见码头仓库里存的茶叶有三百余万箱,棉花更是堆积如山,有从美国、印度、中国各处进口的,中国产品质量不算最好。他还参观了英国步兵演习爬梯、缘绳、格斗、击剑,并没有发现"腿脚不能打弯"的情形。

中国有句俗话,叫做"百闻不如一见",用在这里正好合适。过去封建统治者将西方国家称为"夷狄",视同汉时的匈奴、唐时的回纥,道光皇帝甚至骂洋人"性等犬羊",不许中国人和外国打交道。一八七六年清朝驻英副使刘锡鸿,原来也是主张"内中国而外夷狄"的,可是他到伦敦两个月后,就在《英轺私记》中写道:"经过详细考察,我觉得除了父子关系和男女关系两个方面以外,这里的风俗和政治都可以算得很好。没有不勤于职守的官员,也没有游手好闲的百姓。人民和政府之间比较融洽,法律并不暴虐残酷,人们的性情也很诚恳直率。两个月来,我出门的次数很多,见到居民的表情都很安详快乐。可见这个国家不仅仅是富足和强大而已,我们不应该再将其视同过去的匈奴、回纥了。"郭嵩焘则更进一步,他在日记中说:现在完全变了,西方人已经不是"夷狄",而是朋友和老师了。

○"百闻不如一见",事实的确如此。那么,这些"走向世界"的人,"见"过之后的表现如何?

● 有了接触,方能互相了解;互相了解,才能产生友谊。妨碍各国人民友好往来的,往往并不是大海高山,而是长期隔绝造成的错觉和误解。随着"内中国而外夷狄"这类偏见慢慢消除,人们获得知识和友谊的天地就逐渐广阔了。

容闳的事迹是特别感人的。一八三四年父母送他到澳门 Mrs. Gutzlaff 办的小学读书,只希望他学会几句英语,以后到外国人那里听差。由于容闳天资聪颖,成绩优良,得到 Brown 博士等几位外国朋友资助,得以继续读书,直到赴美留学。容闳在他的回忆录 *My Life in China and America* 中,怀着真挚的感情写道:"这几位先生解囊相助,使我能受到完全的教育,全都出于善心和友谊,并没有其他目的。"

容闳于一八四七年赴美,先入孟松预备学校(Monson Academy),后入耶鲁大学直至一八五四年毕业。在此期间,他仍然不断从许多方面得到友谊和支持。尤其是他的教师勃朗(Rebekah Brown)夫妇,经常关心他的生活,假日必定邀他到家中做客。还有马萨诸塞州的萨凡那妇女会(The Ladies Association in Savannah)的一些会员,不仅资助容闳的生活费用,还经常给他提供鞋袜。美国同学对这位来自大洋彼岸的贫苦学生,也十分友好,推举他管理图书和伙食,使他能够在课余挣到学费。容闳回忆道:所有关心他的美国人,都对中国抱有热诚,希望他能学成归国,促进中国的文明事业。

一八四〇至一九一一年间,西方列强和衰弱的清朝的关系,是侵略和挨打的关系。中国人民和中国的知识分子是爱国的,他们反对帝国主义的侵略,也反对朝廷卖国投降。但是,有识之士并不是排外主义者。他们知道,任何一种文化,都不能从排斥另一种文化得到补益,帝国主义并不代表外国的文化和人民。这个问题有时十分微妙,但总还是有可能被处理得比较好。

一八七六年是美国独立一百周年。李圭作为中国企业界的代表,前往美国费城参加纪念性的万国博览会,写了一本《环游地球新录》。书中记载:博览会每日游人数万,见到与会的中国代表,都表示热烈欢迎,争着会面,交谈。李圭每到一处,总是被热情、友好的人群围得水泄不通。在火车上,美国朋友有礼貌地请李圭介绍中国的情况,听后一一点头称谢。在船上,李圭因风浪晕船,美国旅客又殷勤照料,使他减轻了痛苦。他在八万里旅途中,处处都得到了很好的招待。以至他在《西人待客说》中说,自己在国外旅行的感觉,比《左传》形容的"宾至如归"还要好。

对于西方的学校教育、工业技术、交通运输、医疗卫生,李圭认为都值得中国学习。尤其是在女子教育方面,当时的中国实在太落后了。他写道:"英国大学男女一同考试入学。德国女童如果到八岁还不入学,父母就要受处罚。美国的女教师和女学生,多达数百万。普天下男女人数相当,才能也相等,如果只有男人受教育,人才就等于减少一半。'女子无才便是德'这句老话,实在害尽了中国的妇女,也害够了中国。"叙述中国留美幼童时,李圭又尖锐批评国内反对留学的论调,说:"取长补短,不该分国界。今日之中国,如果想要进步,就不应当把西方国家的好经验撇在一旁,而不去拿来为我所用。"

李圭和外国人打交道的态度,正如古语所说,"不亢不卑"。他在走向世界中开阔了眼界,认清了自己国家今后应走的道路。他的书启发了更多的中国人。二十二岁的康有为,正是读了《环游地球新录》等书之后,才开始下定了"向西方寻找真理"的决心。

○ 向西方学习,要学习的是些什么东西?

● 十九世纪的中国人向西方学习,要学的首先是坚船利炮,然后是声光化电,然后是富国强兵,最后才认识"要救国,只有维新"的道理,接触到社会政治改革的问题。

最早的林𬭚,见到美国的火车轮船"均用'火烟轮'(他这样称呼蒸汽机),运以机器,神速而不费力,可以济公利私",就有意在中国开办现代交通事业,表示只要得到众人支持,很快就可以奏效。

十八岁的张德彝在《航海述奇》中,用一千五百多字描写了他在从马赛到里昂的途中第一次见到的"火轮车"(火车)、"行车铁辙"(铁道)和"沿途待客厅"(车站)。当时的火车,第一辆装机器,第二辆装煤,第三辆印刷报纸沿途发卖,再后是客车。上等客车厢用印度木材制造,每辆分为三间,蓝色窗帘可以自动卷起放下,四壁裱糊花绫。晚上点燃车顶的玻璃灯,将长椅下活板抽出,每位旅客都有床位。……

其时为一八六六年,还在中国第一条铁路——上海吴淞铁路修筑之前九年。吴淞铁路修成后,受到守旧人士的强烈反对,酿成风潮,结果由清政府用银二十八万两买回拆毁了事。但这位十八岁的青年在九年以前,已经在为铁路大声叫好。他认为:建造铁路确实是一劳永逸的事情,对农民和商人不但没有害处,而且还有重大的利益,西方国家的日益富强,和这件事情颇有关系。这就说明,新事物会带来新的思想,这正是近代中国人走向世界的主要收获。

专门到西方国家去研究坚船利炮的人,当推徐建寅最早。他是中国第一代技术专家,后来在研制炸药时殉职。他于一八七九年到德国、英国和法国进行技术考察,订造铁甲战舰(就是后来在中日甲午海战中被击沉的"镇远"、"定远"二铁甲舰),所写的《欧游杂录》共记录了六十多种当时最先进的制造技术、生产工艺和机器设备。

徐建寅以一位技术专家的眼光,看出了决定一个国家的技术能不能真正搞上去的根本原因。他发现德国火药厂的设备,并不比上海、南京、天津、济南各处精良;英国规模最大兵工厂的水压机、大汽锤等重型机器,上海江南制造总局全都有。可是,中国的工厂,却造不出英国和德国的产品,这是什么缘故呢?《欧游杂录》没有正面回答这个问题,但是却大量记载了徐建寅在欧洲特别注意搜集关于工厂管理的资料,后来还注意研究各国的议会政治,专门翻译了一本《德国议会章程》。回国以后,徐建寅立即积极投入康有为等领导的变法维新运动,在"百日维新"中出任新设立的农工商总局督理,直到政变后被撤职。可以看出,他是从探索生产的合理化开始,走上了探索政治合理化的道路。

著名的改良主义政论家薛福成,在《出使四国日记》中写道:过去郭筠仙侍郎(郭嵩焘)常说西洋的政治风俗好,以致引起舆论的批评,我也唯恐他讲得过了头。这次自己来到欧洲,经过亲身考察,才相信郭氏的说法,完全可以从西方国家的议院、学校、监狱、医院和街道各处得到证实。

议院、学校、监狱、医院,这些当然已经大大超出造船制械、声光化电的水平了。

到十九世纪末期,康有为、梁启超、黄遵宪等人走出国门时,就有了更加明确的政治目的。康有为在《欧洲十一国游记·自序》中说:中国的病很重,需要起死回生的良药;我自己愿意做尝百草的神农,走遍世界,为四万万同胞寻找药方。黄遵宪到日本,见到日本明治维新学西方有成效,写成《日本国志》和《日本杂事诗》,在诗中公然大声疾呼:"人言廿世纪,无复容帝制。举世趋大同,度势有必至。"这样,他终于从一位旧王朝派出的外交官员,变成了为旧制度唱葬歌、为民主共和作礼赞的新时代歌手。

这就是历史的规律,是地球上一切国家都不可避免的历史规律。

〇 这套丛书的影响越来越大,请再谈谈它的社会文化价值。

● 《走向世界丛书》第一辑三十六种,从三十六个不同的侧面和断面,反映了十九世纪中国由闭关自守到逐步开放的历史。这是一段十分重要,也十分丰富的历史。它既是文化交流史,又是人民生活史;既是外交史,又是政治史;既是"西学东渐"史,又是变革维新史。

它是文化交流史。如钱单士厘(钱三强的伯母,于一八九九年出国,是第一位写作出国旅行记的中国妇女)的《归潜记》,便是中国第一本系统介绍希腊、罗马神话的著作。其中《章华庭四室》一篇,相当详细地介绍了拉奥孔(Laocoon)、阿波罗(Apollo)、墨尔库里(Mercury)、珀耳修斯(Perseus)四位希腊的神与英雄,涉及"特洛伊之战"、"木马计"、"阿波罗射蛇"、"美杜莎之头"等许多著名的神话故事。《宙斯》(Jupiter)一篇,从"天地开辟"、"天王、海王、冥王"和"奥林匹亚诸神"谈起,一直谈到荷马史诗和希腊神话传入罗马后的演化,是中国人研究西方神话的开山之作。

它是人民生活史。如黎庶昌的《西洋杂志》,详细描写所见十九世纪西班牙和美法等国人民的生活,简直可说是一卷色彩绚丽的西洋风俗图。一八八一年五月二十五日,是西班牙诗人卡尔德隆逝世两百周年,黎庶昌记述了马德里人民的庆祝活动:有人向国内外普遍征集纪念诗文,编印成纪念集,并把未入选的稿件放在银盆内,用酒焚化,作为对诗人的祭礼。……纪念高潮是全市人民的盛大游行。走在最前面的,是着两百年前装束的骑士;接着是各个剧团表演铁匠工场的专车,熔炉、炼铁、锤锻的声音,和音乐合拍;之后是表演印刷工场的专车,印刷工人操作机器,一面印刷,一面散发纪念诗人的传单。……

它是外交史。如志刚的《初使泰西记》,叙述他于一八六八至一八七〇年(清同治七年至九年),作为中国第一个派往欧美的外交使团的大臣,到美、英、法、比利时、普鲁士、丹麦、瑞典、荷兰、俄、意、西班牙等国呈递国书,进行谈判的

情形。一八七〇年三月九日(清同治九年二月初八日),志刚在俄国外交部,和俄国官员有过这样一番对话:

> 俄官:新疆事变(指阿古柏叛乱)使我国感到不安,贵国是准备用武力镇压?还是允许新疆独立呢?
>
> 志刚:新疆是中国的领土。新疆的事情只能由中国来处理。现在中国正在调动军队,准备平叛,决不会置之不理。只要叛乱平定,边界上自然就安静了。

它是政治史。一八七〇至一八七二年,张德彝作为崇厚的译员,随崇厚到法国处理天津教案遗留问题。他们到马赛时,普法战争已经开始;到波尔多时,巴黎公社的革命就爆发了。张德彝奉命先去巴黎,在巴黎亲历了这一场翻天覆地的大事变。他在《随使法国记》中,逐日记载了在巴黎、凡尔赛等处的见闻。《走向世界丛书》根据张氏家藏稿本,把唯一一部中国人写的巴黎公社目击记贡献给了读者。书中有很多珍贵的史料,如巴黎被围时用气球和城外联系,争夺布尔日村的战斗,拆毁旺多姆圆柱的现场,外国人眼中的被俘女战士……毫无疑问会受到研究法国政治史和巴黎公社史的学人的重视。

它是"西学东渐"史。容闳回忆录的中文译本,就以《西学东渐记》作为书名。但它同时又是中国人反对外人歧视和压迫的历史。梁启超的《新大陆游记》写到他读了美国总统公开宣布美国要奉行帝国主义政策向太平洋扩张的演说后说:"我整天都感到不舒服。美国总统口口声声'要进行世界性的伟大战役'和'宏大计划'是针对谁的呢?难道不是针对亚洲和中国的吗?"后来,他听说有位中国人因受美国警吏侮辱忿而自杀,又激动地作了三首挽诗,开头两句是:"丈夫可死不可辱,想见同胞尚武魂。""丈夫可死不可辱",具有这种精神的人民,当然不会甘心受专制政府的禁闭,也不会被外国人牵着鼻子走。他们一定会以主人翁的姿态走向世界,也一定能够在走向世界中,和各国人民平等地、友好地相处,共同建设属于全人类的文明大厦。

---

* 原载 *Chinese Literature*(英文《中国文学》)1982 年第 2 期

* 原题"Introducing the Series 'Chinese Travellers Abroad'"

* 全文刊出时由编辑部译为英文

02　谈《走向世界丛书》

—— 1985.12 与《香港书展特刊》

○ 请您谈谈为什么要编《走向世界丛书》。

● 据我所知,《走向世界丛书》的英文译名,印成了白纸黑字的至少有三个,即:

> *The Outer World in Chinese Eyes*
> *Chinese Travellers Abroad*
> *From East to West*

杨宪益先生以为第三个译名比较好,我也十分同意。丛书的凡例第一条即已开宗明义:"本丛书专收一九一一年前中国人访问西方国家的载记(明治维新后的日本也放在西方国家的范围之内)。"所以这并不是一般的国外游记,更不是从"天朝上国"前往"四裔蛮荒"猎艳搜奇的新山海经或天方夜谭,而是近代中国知识分子"向西方国家寻找真理"的实录。From East to West, 就是从古代社会走向近世文明,走向变革和开放的现代化(Modernization)世界。

为什么只能是 From East to West 呢? 毛泽东一九四九年的文章回答了这个问题。他写道:"自从一八四〇年鸦片战争失败那时起,先进的中国人经过千辛万苦,向西方国家寻找真理。……要救国,只有维新;要维新,只有学外国。那时的外国只有西方资本主义国家是进步的,它们成功地建设了资产阶级的现代化国家。"这段话倒确实不假。

严格意义的 From East to West 是迟至一八四〇年后才开始的,这比欧洲人 From West to East 迟了一千七百年[注]。尽管在十五世纪以前欧洲的文化一般说来低于东方,但在走向外部世界这件事情上,却不能不承认西方起步比中国早。

是传统的古代社会拖了中国人的后腿。落后的、分散的、"面朝黄土背朝天"的生产方式,像一条无形的锁链,把人们牢牢地拴在狭小的地面上。封建的、宗法的、迷信的观念,禁锢着人的头脑,压抑了人的精神,使人们缺少力量去想象和追求一个更广大、更丰富多彩的世界。一六〇一年,

---

[注] 公元一六六年(东汉延熹九年),大秦即罗马的使者由海路来中国,此为正史所记欧人东来之始;而林鍼、容闳、罗森等人始游欧美日本,已在一千七百年以后了。前此一二八七年(元至元二十四年),出生于大都(今北京)的畏吾儿(维吾尔)人巴琐马(Bar Souma),曾奉伊尔汗之命出使欧洲;一七〇七年(清康熙四十六年),山西绛州天主教徒樊守义随艾约瑟(J. A. Provana)往罗马;一七八二年(清乾隆四十七年),广东水手谢清高海上遇难为"番舶"所救,随之遍历欧美;三人均留有记述,但或久没不彰,或不为世重,于文化之影响均很微弱。

利玛窦到北京,自称从大西洋来,礼部尚书奏称:《会典》上不见有大西洋,不知所言是真是假。又过了一百八十年,主编《四库全书》的纪晓岚撰总目提要,仍旧怀疑利玛窦、艾儒略诸人介绍的五洲三洋"为自古舆图所不载,……多奇异不可究诘,似不免多所夸饰"。博闻多识如纪文达公尚不免拘墟若是,他人则更无论矣。

正是由于对外部世界懵然无知,所以直到英国军舰开入广州内河,道光皇帝才急着问英吉利跟俄罗斯是否接壤,与中国有无旱路相通。黄惠田禀称英国本土"日食干粮,不敢燃火;其地黑暗,须半月日始出……"。林则徐也以为英兵"腿足缠束紧密,屈伸皆所不便",上岸即不能作战。以此昏昏,对彼昭昭,挨打吃亏自然无法避免。

愚昧和落后导致了挨打吃亏,但挨打吃亏也使人慢慢聪明起来,努力追求进步。在鸦片战争、五口通商以后,中国的读书人终于走出长期闭锁的国门,到欧洲、美国和日本去求学、通商、考工、出使和游历,并且开始记述和传播自己在西方所看到的一切。一八四七年,林𬭚"因贫思远客,觅侣往花旗"(《西海纪游草》);同年容闳与勃朗先生"同赴新大陆,俾受完全之教育"(《西学东渐记》);一八五四年,罗森"搭花旗火船游至日本,以助立约之事"(《日本日记》);一八六六年,斌椿以"东土西来第一人"的身份游历欧洲(《乘槎笔记》);一八六七年,王韬应理雅各(J. Legge)之请往英国助译中国经典(《漫游随录》);一八六八年,志刚偕蒲安臣(A. Burlingame)出使欧美各国(《初使泰西记》);一八七〇年,张德彝随崇厚赴法"修好",目击一八七一年巴黎的革命和战事(《随使法国记》);一八七六年,清朝派出第一位常驻西方国家的使臣郭嵩焘到达伦敦和巴黎(《伦敦与巴黎日记》);同年,李圭到费城参加万国博览会(《环游地球新录》);一八七七年,黄遵宪随使日本,开始对日本做系统的研究(《日本杂事诗》和《日本国志》);一八七八年,徐建寅到德、英等国考察工矿、订购兵船(《欧游杂录》)……在这些人中,容闳、王韬、郭嵩焘、李圭、黄遵宪、徐建寅等,确实可以称为"先进的中国人";其他人也许达不到这个标准,但眼界一经打开,亦自不能不对新的世界留下印象并在思想上产生影响。

林𬬭在《西海纪游·自序》中写道:"往日之观天坐井,语判齐东;年来只测海窥蠡,气吞泰岱。"意思是说,过去自己坐井观天,把世界上的新事物都当作"齐东野语";现在有了一点直接的接触,哪怕只能算以蠡测海吧,眼光和气概也就和原来大不相同了。李圭的思想变化更加具体生动,他说自己本来不相信"地形如球","今奉差出洋,得环球而游焉,乃信"。因为如果地不如球,"安能自上海东行,行尽而仍回上海,水陆共八万二千三百五十一里,不向西行半步欤?"

现在来讨论地形是否如球,似乎太幼稚了一些。但百年来"先进的中国人",正是从五洲三洋、地球自转,进而声光化电、利炮坚船,进而工厂矿山、学堂医院,进而培根、笛卡尔、巴力门(parliament,国会)、买阿尔(mayor,民选市长)、天赋人权、物竞天择……这样一步步走过来的。郭嵩焘《伦敦与巴黎日记》内容最为丰富,光绪三年(公元一八七七年)十月二十九日记云:"英国讲实学者,肇自比耕(培根)……同时言天文有格力里渥(伽利略),亦创为新说,谓日不动而地绕之以动……相距二百三四十年间,欧洲各国日趋于富强,推求其源,皆学问考核之功也。"十一月十八日论英国政治:"推原其立国本末,所以持久而国势益张者,则在巴力门议政院有维持国是之义,设买阿尔治民有顺从民愿之情。二者相持,是以君与民交相维系,迭盛迭衰,而立国千余年终以不敝,人才学问相承以起,而皆有以自效。……中国秦汉以来二千余年适得其反,能辨此者鲜矣!"

"走向世界"以后,随时想到的还是自己的国家。郭嵩焘如此,容闳、黄遵宪等人莫不如此,伟大的孙中山先生亦复如此。用孙先生自己的话来说,他也是在一八七八年出国以后,"始见轮舟之奇,沧海之阔,自是有慕西学之心,穷天地之想",才立下了"恢复中华、创立民国"的大志和信心。"要救国,只有维新";维新行不通,就只有革命。——这就是一八四〇至一九一一年间中国人"走向世界"得出的结论。

为了编辑《走向世界丛书》,我前后浏览过两百多种一九一一年以前中国人亲历西方的载记,从中选出一百种编成这部丛书,现已出齐第一辑三十六种,在每种书前都写有一篇叙论,评介文与其人。在这些叙论的基础上,我写成一本近四十万字的书,承中华书局愿为出版,书名也叫《走向世界》。钱锺书先生破例为此书写的一篇序,真可谓语重心长:

> "走向世界"?那还用说!难道能够不"走向"它而走出它吗?哪怕你不情不愿,两脚仿佛拖着铁镣和铁球,你也只好"走向"这世界,因为你绝没有办法走出这世界,即使两脚生了翅膀。……在我们日常生活里,有时大开着门和窗;有时只开了或半开了窗,却关上门;有时门和窗都紧闭,只留下门窗缝和钥匙孔透些儿气。门窗洞开,难保屋子里的老弱不伤风着凉;门窗牢闭,又怕屋子里人多,会气闷窒息;门窗半开半掩,也许在效果上反而像男女"搞对象"的半推半就。……叔河同志的这一系列文章,中肯扎实,不仅丰富了我们的知识,而且很能够引导我们提出问题。

钱先生对拙著的评价很使我惶愧,但如果把"叔河同志的这一系列文章"换成"《走向世界》这一部丛书",我倒可以大大方方地表示赞同。正如丛书总序所云:"历史无情亦有情,后人的思想和事业肯定要超越前人,但前人的足迹总可以留作后人借鉴,先行者总是值得纪念的。"《走向世界丛书》一百种,等于近代中国从闭关自守到对外开放这个历史过程的一百个断面和侧面。当改革和开放已经被确定为国策但还在不断受到干扰和怀疑的今天,回看第一代"走向世界"的知识分子们所走过的道路,至少可以起到一点帮助打开门窗而又防止伤风感冒的作用吧。

―――――――

* 原载 1985 年 12 月《香港书展特刊》
* 原题"我为什么要编《走向世界丛书》"

03　呼吁出版自由

—— 1986.11 与《人民日报》

○（随着《走向世界丛书》的出版，作为出版家兼学者的钟叔河的名字也走向全国，受到出版界和学术界的广泛关注，记者最近走访了这位岳麓书社的总编辑）当前出版工作面临什么样的境况？

● 我觉得我国目前的出版物，还反映不出既有深厚积累和悠久传统，又在改革和开放中发生着深刻变化的中国文化的全景。不少新人有新的观点和见解，可是不易得到政治上和学术上的权威的承认，也不容易在书籍市场上争得地位，出版社对他们爱莫能助。"老皇历"一类的书，通过各种关系要出的书，还有"上头"交下来不能不出的书实在太多。

○ 问题的症结在哪里？

● 这不是哪一个人的问题，要从整个文化思想的宏观背景上找原因。关键在领导。我觉得现在国家对出版工作的重视是不够的。过去乾隆皇帝还重视出书,设立四库馆,派礼部尚书纪晓岚负责。纪晓岚通晓典籍,又爱编书,一部《四库全书总目提要》就是证明。建国之初,还有出版总署,让胡愈之、叶圣陶等党内外专家负责,努力出了一些好书。现在不要说出版局,连出版社的总编辑、社长都成了官,开会、出访被视为"本职",而编书、写书反被认为"不务正业"。官者,管也。官越多,管得越多,要宽松就越没有希望。而没有宽松的环境,是出不了很多好书的。比如,我们的某些选题计划,报上去以后,半年多还没有批下来。国家出版局同意还不行,还要中宣部点头。这种管法和一个有四千年文化、十亿人口的民族相称不相称呢?

出书当然也不能没人管。但是通过法律、政策来管就足够了。出了坏书可以取缔查禁,违反"四项基本原则"可以处分查办。应当相信我们这些当总编辑的人总还有点政治水平和学术水平嘛!

现行出版管理体制,和一个有四千年文化历史的大国很不相称,我看恐怕是不得不承认的事实,我们应该共同努力,来改变这个不幸的事实。

○ 听说出版社有上交税利和各种附加的指令性计划?

● 确实有。这份计划就在我抽屉里(拿出来照念):岳麓书社今年总产值(图书总定价销售数)三百七十一万元,利润总额三十万元,上交税款要十万五千元,还有"能源交通建设基金"三万二千元,再除去规定提取留存的"后备基金"、"补充流动资金"、"福利基金"和"奖励基金",剩下用于本社生产发展的钱只剩下七万多元。就是这七万元,如果想要住宿舍,又要将百分之八十五上交省局,结果留给社里的只有一万来元。就是说,岳麓书社得编印发行三百七十一万元的书,才能留得一万元用于发展自己的事业。省里不仅不给出版部门以财政支持,不关心出版系统知识分子的居住条件,还要向出版社伸手要钱,你看这怎么办?

我认为:国家不应该指望靠编书出书来增加财政收入,应该先让出版产业经营发展壮大。产业发展了,税收增加了,财政收入自然也就增加了。

○ 党中央已经作了关于精神文明建设指导方针的决议,其中也谈到出版问题,您对此有何想法?

● 《决议》把出版放到了与教育、科学、广播、电视、卫生、文物等平等的地位,说了"国家要从政策上、资金上保证这些事业的发展"这句话。我没听说过学校、广播电视、博物馆、医院要上交税利。就是苏联、美国,也不靠编书出书来积累资金。英国牛津、剑桥出的学术著作,也从来不赚钱。老祖宗更不必说了,司马光编《资治通鉴》,一个班子干几十年,都是国家拿钱出来开支的。唯独咱们现在出书不能不"向钱看",说起这些,心里真不是滋味。

○ 在经济体制改革中,厂长们普遍要求"松绑";作为出版社的"厂长",您认为出版管理部门有放松的迹象吗?

● 我还没有感觉到。中国的出版事业要发展,关键是体制的改革和人员素质的提高。现在的苦恼是:你要面向社会,适应市场,上面就叫你不要忘记宣传教育机关的责任;你要发展事业,积累文化,上面又伸手向你要钱。总之,左右为难,上下见责。这也未必是由于哪些同志对出版部门太严苛,主要还是一个对历史文化的认识问题,是人的素质问题。出版队伍本身的素质也亟待提高,调整、引进、知识更新,都得赶快搞。自己编不出好书,缺乏对历史文化的责任感和使命感,就没有资格要求上面给自己松绑。

---

* 原载 1986 年 11 月 3 日《人民日报》

* 原题"岳麓书社总编辑钟叔河呼吁／从政策上资金上保证出版自由"

* 记者赵相如

04 自己的点子和音色

—— 1988.1 与《文汇读书周报》

○（一九八八年元旦，《文汇读书周报》约请十家出版社负责人向读者祝贺新年）

● 岳麓书社编辑十余人，年出书不过百种，在出版界这支宏大的交响乐队中，只是个打边鼓的小角色。正因为角色小，我们不能不努力打出自己独特的点子和音色；否则南郭吹竽，有我不多，无我不少，"岳麓"就没有立足之地了。

在新的一年里，我们将尽力保持自己出书的特色，概括起来就是两句话：用新的方法来整理古籍，用新的观点来选印旧书。古籍指传统的经史子集，旧书指近代（一八四〇至一九四九）和台湾的文化学术著作。湖南近代以前文献足征者不多，故只能以近代为主。

一九八八年是改革开放进入新阶段的一年，今之读者读古籍旧书，回首过去只能是为了走向未来。我们将在《凤凰丛书》、《旧籍重刊》、《旧译新刊》中，向时代精英贡献罗家伦译《思想自由史》、陈望道序《爱的成年》、萨孟武著《红楼梦与中国旧家庭》、温永宁著《一知半解》等一系列名著。这些书记录了一九一九至一九四九年整整一代人追求德先生和赛先生的努力,他们的徘徊和蹉跌,不应被简单地蔑视而是值得总结和深思的。还有周作人的著作,中宣部和新闻出版署已批准我社印行,当然也属于此类。

在古籍整理方面,我社的《走向世界丛书》被国务院古籍整理出版规划小组组长李一氓誉为"近年来所见到的整理古文献中最富有思想性、科学性和创造性的一套丛书",正是因为我们能突破传统的方法,不搞繁琐的注释疏证,而是下工夫广搜博采,分类重编,详编索引,撰写导言,"化腐朽为神奇",将封建文化的积淀解析为对现代化进程有参考和反思价值的资料。今年我社将认真推广这种方法,出好《曾国藩全集》和《船山全书》。

为了争取给最大多数读者服务的机会,一九八八年"岳麓"版《古典名著普及文库》将增出十种,保证人们能"以最少的钱,买最好的书",欢迎广大读者选择、比较。

谋事在人,成事在天,天就是形势。形势既已大好,吾人自不容懈怠,愿与全国同行共勉。

---

* 原载 1988 年 1 月 2 日《文汇读书周报》

* 原题"努力打出自己的点子和音色"

* 有总题"把更多的好书献给读者——十家出版社负责人向本报读者贺新年"

05　走向世界的反思

——1988.3 与《人民日报·大地》

〇《走向世界丛书》单行本问世后,就得到了钱锺书、李一氓、萧乾、陈原等专家学者的盛赞,关心改革开放的青年人也很注意。请您介绍一下它的情况好吗?

● 这套丛书辑印民国以前亲历西方(包括明治维新后的日本)的记述,可说是中国士大夫(传统的"知识分子")由封闭的专制宗法社会走向近代——现代化世界的实录。选择不以作者对西方的态度,甚至也不以文笔的优美高下而定去取,但必须是亲见亲闻、亲身的感受,耳食之言和空泛之论一概不取。丛书计划收书一百种,湖南人民出版社出过二十种;版权转到岳麓书社后已出齐第一辑三十六种(合订十册)。第二辑现已编好了几种,准备编完后一次印行。

〇(看到会议室中陈列的授予《走向世界丛书》一九八

六年"中国图书奖"和"全国优秀畅销书奖"的奖旗和奖杯)看来不但出版界,连社会上也承认了这部书。

● 初版第一种印七千册,到第二十种增至二万册。岳麓印的实际上是第二版,累计印数平均达到三万五千,加上销往海外的共约四万,确实不算少了。要说"畅销"当然还谈不上,但在法国、英国都有人正在选译这套书。

○ 丛书所收各种都早已成书,为什么建国三十多年来,别人都没有发现和重视它们,您却想到编这套丛书?

● (笑)阮籍说得好,"时无英雄,使竖子成名"嘛!当然我这是讲笑话。事实上,只准"一边倒"的时候,谁都没有可能研究和讨论这些书,我也并不例外。不过,我拣了一个"便宜",从一九五七至一九七九年的二十多年中,我无须遵功令作文,按模式思想,而尽可以在劳动的余暇"自由"地考虑中国的过去和未来,有时还能收集和整理一些材料。十一届三中全会以后,二十来年的积累就用上了。

○ 我早已注意到,李一氓说"这确是我近年来所见到的最富有思想性、科学性和创造性的一套丛书",陈原也赞扬它的编辑方针,钱锺书说您"眼光普照,观察到欧、美以至日本文化的全面"。在没有见到您以前,我还以为您是位老学者呢!您的学术准备是怎样完成的?

● 我今年五十七,并不年轻了。钱、李诸老原来我并不认识，我也没有主动去拜访过他们。他们的过誉，使我惭愧。我并无辉煌的学历，一九四九年八月参加工作时，只是个十八岁的高中生。不过我一直比较喜欢读书，也比较喜欢用自己的脑子思想。从五十年代起，我就在思考一个问题：一个国家，一个民族，恐怕不应该也不可能长期和别的国家、别的民族隔绝开来，不能够自绝于这个世界。正是由于这种思想，使我经历了A·托尔斯泰所说的"苦难的历程"。

○ 啊？

● 一九五七年，湖南日报社"反右办公室"编印了一本十多万字名为《继续揭发批判钟叔河的反党反社会主义罪行》的三十二开小册子，其中就包括我这方面的观点和言论。

我被划为"右派"最初想不通：解放前我是个坚决反对国民党反动统治的革命青年，怎么会成为"反革命右派"了呢？抱着弄清问题的目的，我在做工糊口之余用心读书，主要攻读政治史、思想史、文化史方面的书。我认为今天是昨天的继续，希望从历史中找到现实的答案。

○ 在那样的逆境中，您还能读书、思考，是什么力量在支持着您？

● 当了"右派"，即使在想不通的时候我也并不灰心，因为"我的世界有更辽阔的边境"（闻一多诗句）。在读史中，我发现在一千八百年以前,就有欧洲人到中国来;可是直到一百八十年以前,还没有中国人到欧洲去。是封闭造成了落后,落后又加剧着封闭,而封闭落后的心态是绝不容忍"走向世界"的思想的。作为中国人,我应该努力弄明白历史真相和道理,并设法加以传播,结果就是一九七〇至一九七九年的九年牢狱之灾。

○ 您还坐过牢?

● 对的。在牢中我也没有放弃学习,而总能利用条件继续读史书,从中发现:长期封闭的社会一旦开放,发生的变化是极其广泛、深刻而激烈的。人们只要一"走向世界",他的价值观和哲学就必然发生变化,这是改变封闭造成的落后状态的强大动力。早期"走向世界"的人的现身说法,对现代人可以产生很大的影响。

○ 丛书的编辑工作是在出狱后开始的吧?

● 一九七九年三月,我被"提前释放"出狱;经过一再申诉,到九月间才宣布这是一个错案,给我彻底平反并给予赔偿,之后报社才"改正"了我的"右派"问题。但"改正"以后,我却不想回报社了。到出版社后,就开始编这套书。第一种《环游地球新录》于一九八〇年八月出版。之后平均一个月出版一种,都要标点、索引,加上每种书的叙论平均两万字一篇。如果没有过去的充分准备,显然难以完成。

○ 从编辑出版工作看,丛书的主要经验是什么?

● 丛书所收都是一九一一年以前的作品。书虽然算古籍,读者却是新人。整理出版古书,应该引导读者向前看,面对未来而不是面向过去。过去是不堪回首的,因为整个旧的文化必须用新的观点和新的方法加以整理,才能为现代化服务。《走向世界丛书》,这个名字就不"古"。但它们又确是木刻线装的"古书",作者如薛福成、黎庶昌等,都是古文名家。校正脱讹倒衍,正确标点分段,编制索引,还原译名,案头编辑工作也是繁重琐细的。

○ 我读过您写的关于这些书的叙论,有材料,有分析,有文采。看来渊博的学识、精确的思辨和过硬的文笔,对于编辑来说确实重要。

● 编辑需要才、学、识,这三方面我都谈不上。至于丛书,应该说得力于有见识的学者、师友和同事的支持,个人的工作是微不足道的。在我的长期规划中,它也只是一部分。

○ (谈话中,不断有书社工作人员前来找他)您担任了书社的领导工作,还有时间编书吗?

● 总编辑当然要编书,他应该是出版社的第一编辑嘛(笑)。我的安排是上午到社里处理社务,下午和晚上在家里编书。现在我还在编周作人的集子。我很想早些把总编辑的职务卸下,这样可以更多地编一点书,更加符合我的本心。

---

* 原载 1988 年 3 月 10—11 日《人民日报·大地》

* 记者张世英

06　从士大夫到现代知识分子

—— 1992.5 与《文汇报》

○ 听说您的研究课题"十九世纪中国士大夫对西方文化的认识及其反映"已经纳入国家社科研究规划,能否谈谈这一研究课题的立意?

● 我认为,现代性与传统的冲突和趋同,乃是中国近代文化思想史中最重要、最基本的事实之一。一部分论者的公式是"现代化＝西化",我不能完全同意这种结论,因为它将复杂的历史过程简单化了。现代前中国社会的领导阶层是传统的士大夫阶层。在进入新的历史时期,面对"三千年来有之变局",面对现代世界时,这个阶层对自己社会的信心如何? 其传统的价值观与制度面临怎样的考验? 对西来的新事物和新学说他们持何种态度? 对帝国主义侵略、基督教渗入以及一切"洋务"、"洋人"又有何反应? 这些都很有必要作具体的研究和分析,这就是我进行上述研究的主要意图。

○ 关于上述问题的研究,似乎尚鲜见系统、全面的考察和探讨。

● 是的。国内这方面的研究似乎尚处于比较零散、比较初级的阶段,或者停留在几个代表人物身上,或者把士大夫阶层和其他阶层的"人民群众"笼统地混在一起。起初,国外有学者做过一些小范围的定性和定量分析,但往往只能从他们所熟悉的史料着手,而且不能避免"现代化=西化"公式的影响。

○ 纵观中国历史,诚如所言,士大夫阶层其实就是传统中国社会的领导阶层。历代中国知识分子都是由士而仕、官文合一的,这对现代中国社会有什么影响呢?

● 士大夫的性格在很大程度上塑造了中国传统主流文化的性格。中国古代社会长期停滞不前的主要原因之一,就在于这个占领导地位的士大夫阶层有着难以克服的致命弱点。十九世纪开始了全球文明时代,十九世纪以来中国历史的根本问题就是走向世界、走向全球文明的问题,也就是实现现代化的问题。

现代化的"现代",就是全球文明的时代,其重要标志即各个地区(国家)固有传统文化的交融和趋同。近代中国的现代化为什么这样艰难曲折？就是因为近代前中国社会的领导阶层——士大夫阶层对现代化没有内在的要求和思想准备,对此他们始终是被动的、消极的。士大夫身上遗留下来的依附性、保守性和软弱性成了中国实现现代化的精神障碍。当然,中国士大夫中不乏忧国忧民、爱国爱民的仁人志士,但他们在没有脱胎换骨之前,都是空有砥柱中流之志,而乏回天挽澜之力。

○ 汤因比曾经说过,在各种文明发展过程中,"挑战愈强,刺激就愈大"。鸦片战争和甲午战争之后,国难、国耻的重压,西方物质文明和精神文明的双重入侵,极大地激起了民族政治情感的高涨,而士大夫中的有识之士更是忧国忧民,以至谭嗣同发出"四万万人齐下泪,天涯何处望神州"的沉痛呼号,这种忧患意识似乎是某些中国士大夫民族觉醒、思图变革的一个契机。

● 的确如此。到十九世纪中叶,西方一些国家已经现代化了,国力强盛,经济发达,而中国依旧是国弱民穷,经济落后,多数的中国士大夫还是以近代化以前的社会文化观来看待西方国家,闭关锁国,妄自尊大,认为中国是"天朝上国"、"礼仪之邦",西方国家则是无父无君的"夷狄"。

○ 这就是"内中国而外夷狄","足乎己无待于外"的传统偏见在作怪。

● 可是"天朝上国"的土枪土炮却敌不过西方国家的坚船利炮,结果是一败涂地,被西方国家打开了国门。由此士大夫中的有识之士才开始清醒意识到学习西方先进科学技术以图强国富民已是刻不容缓。然而,士大夫们只肯承认西方国家物质文明的"厉害",始终认为"精神文明"还是我们这个"礼仪之邦"优越。他们坚持认为中国的传统文化比西方国家优秀,把"国粹"视为命根子,视为国家民族生死存亡的关键。至于洋人的坚船利炮,花钱买进来就是了。恭亲王、李鸿章、张之洞等人办"洋务",他们的指导思想(至少公开宣布的指导思想)就是如此。

○ 士大夫中的确也有筚路蓝缕以启山林的先行者。当时,湖南的魏源把西方国家的富强之道作为客观参照物,探索立国之本,撰写《海国图志》介绍大西洋欧罗巴各国,毅然提出"师夷长技"的主张。

● 还有郭嵩焘、容闳、黄遵宪、薛福成等人,他们提倡走向世界,有意识地介绍西方文化科学,都起了思想先驱的作用。站在这些人后面的大人物是曾国藩。容闳是在曾国藩的支持下组织幼童留美,为上海制造局去美国买机器的,他在《西学东渐记》中推崇曾"可称完全之真君子,而为清代第一流人物",说他自己的这些工作都"因曾(文正)乃得告成"。郭嵩焘和曾氏既有金兰之好,又是儿女亲家。薛福成和黎庶昌都属于"曾门四子"。

○ 正统的士大夫对异质的西方文化历来就是坚决抵制的,这且不论。就是对西方近代文明持欢迎和接受态度的士大夫中的先进分子,在思想意识深处也仍然存在新旧观念的矛盾和传统与现代的情感纠葛,如严复、康有为、梁启超、王国维、章太炎、梁漱溟这一批人,他们中的一些在后期,或多或少地回归了传统。

● **这种现象并不奇怪。**"五四"运动前后,中国才开始出现现代意义上的知识分子。陈独秀、蔡元培都是从士大夫阶层中蜕变出来的,蔡元培本是翰林,陈独秀也应过科举。但是,旧士大夫的大部分却并没有(我认为也不大可能)完成向现代知识分子的转变,例如林琴南、王国维就是如此(当然,这并不等于说他们在某些学术领域内不能接受新的观念和新的方法)。他们不能把握住时代的潮流,不能站在大时代潮流的前头,以致酿成无可挽回的时代悲剧和个人悲剧。

○ 那么,旧士大夫要转变成现代意义上的知识分子,关键何在呢?

● 旧士大夫要转变成现代意义上的知识分子,关键在于必须与陈旧的传统观念彻底决裂,要通过民主与科学的洗礼,脱胎换骨。熟读《离骚》可能成为感慨悲歌的名士,却无助于现代化观念的形成。

现代化的观念就是民主和科学的观念。鲁迅著作的价值,正在于无情地鞭挞了专制和愚昧,深刻地批判了腐朽的传统观念。周作人的著作亦是如此,周氏兄弟正是从旧士大夫蜕变成现代知识分子的成功典型。

我们研究十九世纪中国士大夫对西方文化的认识及其反应,可以看出他们受传统文化束缚的深重,看出他们要接受现代化观念和否定自己的旧意识的艰难。只有引进和发展了新的生产力;看到了新制度的优越性;出现了新的劳动者阶层和新的管理阶层;通过认真比较,以及本身经济地位和物质文化生活的改变,才能比较自觉地放弃陈旧的思想,接受新的观念,这个过程十分复杂和曲折。研究这个问题对我们今后搞改革开放,实现现代化,具有强烈的现实意义。因为我们(我和你)也是士大夫的第二代、第三代,在我们血管里流着的还有士大夫的血液。

○ 正如您在《走向世界丛书·总序》中所言,历史无情亦有情,后人的思想和事业肯定要超越前人,但前人的足迹总可以留作后人借鉴,先行者总是值得纪念的。

● 庄子云:"日月出矣,而爝火不息,其于光也,不亦难乎?"我只是一个普通的编辑,能发出的光和热甚至还不及爝火,但我编的书,我写的文章,我所进行的一点研究,总可以发出一点微弱之光,投射在人们摸索前进的道路上。即使它能起的作用再小,再微不足道,至少总是无伤乎日月之明的吧。

---

* 原载 1992 年 5 月 31 日《文汇报》

* 原题"从传统士大夫到现代知识分子"

* 记者余开伟

07　追思钱锺书先生
—— 1999.1 与深圳《风采周刊》

○（钱锺书先生逝世，深圳《风采周刊》电话采访）

● 我与钱先生本不相识。上世纪八十年代初期，钱先生看到我编辑的《走向世界丛书》，发生兴趣，对《读书》杂志的董秀玉女士说："某人如到北京来，我想见一见他。"后来董便带我去了北京三里河南沙沟钱先生家，那是我第一次见到钱先生。他说了些鼓励我的话，建议将丛书导言结集出版，愿意为我写序。大家都知道，钱先生是轻易不肯为人作序的，这令我很受感动。

钱先生对我写作、编辑的思想非常了解，后来与我通过不少的信。我身体不好不便旅行，难得去北京，十多年中一共只见过钱先生三次，两次是在他家里，又一次则在全国古籍规划小组京西宾馆的会场上。在通信和见面的时候，钱先生和我谈过一些文化学术方面的问题。

钱先生夫妇在生活中给我的印象也很深。杨绛先生十分风趣。他们的房间很大,有一张大书桌、一张小书桌。杨先生笑道,有人说他学问大坐大桌子,我学问小坐小桌子。(按:此语为记者误记,见下页说明)听后我笑了起来。

钱先生家没有佣人,泡茶奉客杨先生自己做。他们夫妇对人很客气,我走的时候他们坚持送下楼。钱先生对人很好,但他不喜欢捧场,那些搞宣传、写传记、拍电视什么的,都进不了他家的门。他的门内有一条锁链,如果看见是这类人,就不开门。

在钱先生和我的通信中,有两件事很能看出先生耿介而谐趣的性格。一次是某地举行活动,内容是纪念钱先生的父亲钱基博老先生,主办者希望能得到钱先生的支持。钱先生却反对办这个事,说:搞一些不明不白的钱,找一些不三不四的人,说一些不痛不痒的话,有什么意思?还有一次,我想出蒋碧薇回忆录,其中讲到她与徐悲鸿的婚变,与徐悲鸿后妻的叙述和判断迥然不同。我跟钱先生说了这件事,先生的回信也很有趣,现正在我手边,可以向大家介绍一下:

> 廖蒋之争,曲直昭然。然前后妻之吃醋(乃争法统),更胜于大小老婆之争风(乃是争宠),李笠翁《奈何天》中《伙醋》一出所不能刻画。兄仗义主公道,"先生之志则大矣,先生之事则不可",窃欲以此科诨,博兄一笑耳。

这一笑却关乎世态与人心,不是那么可以轻忽的,我以为。

钱先生不幸逝世,我的心中很是悲痛。但是我不配也不敢谬托知己,在这悲哀的时候,来写只能由真懂得先生生平学问的人来写的文字,只能简单地谈一谈我认识先生的经过,表达一点我自己的哀思。

我于钱先生为晚辈,是钱先生学生的学生。钱先生曾任国立师范学院英文系主任,他的一个学生到中学教英文,曾教过我。这是后来我与钱先生交谈时才知道的。

[说明]

以上是钱先生逝世翌日深圳一家周刊记者电话采访我的记录稿,刊出前我未曾过目。杨绛先生收到我的唁函和寄去的剪报后,给我写信道:

> 承你病中来信唁问,由衷感激。钱先生虽久病,神识始终清楚。朋友问候我都一一传达,只是他不乐闻的不传。他不知你也患病。他长期保持平稳,但去得甚快,也很平静,痛苦未及追上。《钱锺书集》将由"三联"出版,尚在排印中。
>
> 惠寄剪报已收到。"学问大坐大书桌"云云,出于"名气大坐大书桌,名气小坐小书桌"(按此说,我只该坐一条小板凳)。但记者往往传为美谈。……

其实"学问大坐大书桌"云云乃记者误记。杨先生是我尊敬的作家,她的《洗澡》可视为《围城》的续集,余楠、史妮娜即是新时代里的李梅亭、沈太太,《围城》和《洗澡》也就是《儒林外史》的现代版。杨先生笔下的爱情,我看比《围城》里的要纯情,要深刻。我不懂文学,但作为普通一读者,这确实是我真实的想法。

---

* 原载 1999 年 1 月 11 日深圳《风采周刊》

08　跟书一辈子

——2003.9 与《书人》杂志

○ 听说您很小年纪便自己找书读,后来又编书,评书,并且写了不少书。

● 我确实跟书打了一辈子交道。我的职业是编书,有时也写点文章。至于读书,更是一直在读的,不过不一定读得明白就是了。

我出生在读书人家,家里有一些书,自小养成了读书的习惯,当然读得懂不懂是另一问题。我这一生不看书的时候很少,书是我生活中很重要的东西。俗话说,开门七件事,柴米油盐酱醋茶。在我,前四件不可或缺,茶不太喝,酱醋不要无妨,"柴米油盐"的后面加一个"书"字就行。

○ 您曾被划右派、被双开,浪迹社会,打工为生,"文革"中又经历九年牢狱之灾,遭罪的时候读不读书?

● 我遭罪就与读书有关。因为读过几本胡风的书,虽不喜欢他满口伊里奇、约瑟夫，但相信他不会有反共的政治问题，一说出来，自己便成了肃反对象。因为看了些西方讲民主自由、三权分立的书，说过一点赞成的话，自己便成了右派。"文革"中红卫兵烧书，我说《红楼梦》和《史记》这些书为什么烧掉，以后难得再印，又成了"现行反革命"。但即使如此，我仍未放弃读书，而是觉得更应该读书，一面读书，一面用心思考。监狱其实是个可以读书的地方，在里面好多年，我读了不少古今中外名著。

○ 落实政策后您本当回报社工作，为何又进了出版社，短时间内就推出了著名的《走向世界丛书》呢？

● 我本来就不喜欢在"机关报"工作，一九五七年就想要换环境，这也与我长期的读书和思考有关。这些思考，当右派以前就已萌生，坐牢以后想得更多了。我觉得中国一定要摒弃封闭、落后的传统，一定要走向世界。只有吸收全世界有益的东西，中国才能进步，才有发展。有了这个想法，我才选择出版部门，因为出版社的任务本该是文化的积累和传播，和报社专做党的宣传工作不同，我要通过编书、出书影响他人。到出版社后，我即着手编辑《走向世界丛书》，半年之后就开始出书了。

○ 您能谈谈《走向世界丛书》的情况吗？

● 我先后浏览过三百多种晚清人物考察西方的记述，准备从中选取一百种出版,以纪念先行者,启迪后来人。第一种《环游地球新录》于一九八〇年八月出版,第一辑三十六种一九八六年出齐,八百万字,总印数逾七十万册。

经钱锺书、李一氓两先生提议,我将为丛书各册写的叙论,辑为《从东方到西方》一书,有李一氓序,一九八九年由上海人民出版社出版,二〇〇二年岳麓书社又重印了。另又著有《走向世界——近代知识分子考察西方的历史》(后改名为《走向世界——中国人考察西方的历史》)一书,有钱锺书序,据杨绛先生说,这是他平生"主动为人作序"唯一的一次。书一九八二年由中华书局出版,到二〇〇〇年已经印过三次了。

〇 您从八十年代起就开始编辑出版周作人著作,开建国以来的先河,请问当时是怎么想的?

● 八十年代出版周作人的书,要挨一点骂,挨一点棍子。党和政府倒没下禁令,有些文人却更严更苛。但我说,"人归人,文归文",周作人其人如何评价是另一问题,其著作文章却是"五四"新文学新思潮中有代表性的存在,肯定它也好,否定它也好,都是无法绕开、无法视而不见的。要批评他,也要看他的全部作品嘛。所以我在岳麓书社出书时,先在《光明日报》上打广告,开头就是"人归人,文归文"两句话。意思是,人呢,是什么样的人就是什么样的人;文章呢,是什么样的文章就是什么样的文章。

事实证明,周作人的文章是有人要看的。《自己的园地》、《雨天的书》、《泽泻集》等他的"自编文集"从一九八七年起在岳麓书社一再重印,总印数达二十多万册。可惜后来出版计划被迫中止,幸好二十年后有止庵继续努力,终于将所有的"周作人自编文集"印出来了。成功不必在我,当然乐观其成。

顺便再讲一句,"人归人,文归文",这也是历来大多数人的共识。差不多所有的人都不喜欢严嵩和阮大铖,"六必居"的招牌却一直没有换,从明朝一直挂到如今,《燕子笺》也一直在演,一直在印。

○《学其短》系列深受读者欢迎,您是怎么想到要写它们的呢?

●《学其短》是学古人的文章。古文最简约,少废话,写和读都省时省力。但我的目的主要不在文体上,而是以古人的文章作由头,借此来说一点自己想说的话,表达一点自己想要表达的思想。从前我在读古书时抄录过若干短篇,供外孙女儿诵读,报社来约稿时发现了,要拿去发表,以后又有刊物来要,前后共刊出约四百则,也就是四百来篇短文,曾辑成《念楼学短》和《学其短》两书,分别于湖南、安徽出版。

我选文重在思想、气质和趣味,原文后的"念楼读"和"念楼曰",则完全是我自己的文章。有人拿了"念楼读"去作"古文今译"的例子,其实我完全没有兴趣搞什么"古文今译",不过是借古人的酒杯,浇自己的块垒罢了。

○ 近年您出版了多种散文集,请谈谈散文写作的情况。

● 除了小说、韵文、戏剧,所有的文字都可视为散文。如今写作界将散文和杂文分为两块,我是不以为然的。散文不该限于写景抒情的"纯文学"范围,杂文也不该只是"新闻学会"主管的报刊评论。如果按"散文学会"和"杂文学会"的"行规",我的文章恐怕在两边都难入界。第一个集子《书前书后》自称"编辑应用文",并非矫情,之后的《念楼集》、《偶然集》和《天窗》,也都是"四不像",只要还有人愿意看看,就不错了。

○ 您担任岳麓书社总编辑时曾提出一个口号:"(使广大读者)花最少的钱,买最好的书",十分有名,当时是怎样考虑的?

● 当然是为广大读者着想。八十年代,"书荒"过后,读书成风,那时人们收入不高,不可能花很多钱买书。作为一个出版工作者,就应当从实际出发,尽最大努力满足读者的需要。记得当时出版的《古典名著普及文库》,价格定得很低,受到读者欢迎,但销量颇大,出版社还是有一些盈利的。

○ 余秋雨应邀来湖南讲学,反应热烈,但也引起了不少议论,您对此有何看法?

● 为什么余秋雨不能来演讲？别人讲了那么多废话和套话,而且天天在讲,并无人批评反对,为什么单挑余秋雨？

我并不认为余秋雨讲得多么好。对于一切不自称表演其实却是表演,或者带有浓厚表演味道的演讲,尤其是还要自称为"讲学"的,我都不怎么感兴趣。但张三能讲,李四为什么不能讲？岳麓书院又不是圣地,朱熹、张栻更不是圣人,为什么不能在此处讲？多几个人讲话,总比没有人讲话好嘛。

我觉得余秋雨对批评反感也大可不必。把出去做官说成"致仕",是明显的错误嘛。别人指出来,还要强词夺理,硬说自己并没有错;这样不仅显得气量太小,反而越描越黑了。

○ 您去美国女儿家居住多时,能说说在那边的读书生活吗？

● 女儿家里书不多,当然得去图书馆。美国的图书馆包括大学图书馆,都有中文书库,所有人都能够入书库找书。如果你自己找不到,想看什么书,查什么资料,管理人员也会很快为你找到。一时找不到,会让你将地址留下来,找到了给你寄上门,不收邮费。一次借十几本、几十本都可以,看完几本还几本,也不必去图书馆还,市内人多处往往设有"书筒",肚子和口子比邮筒大,把要还的书往里一丢便行。国内的图书馆什么时候也能这样就好了,也许得修来世吧。

○ 您在一本书前写道："这是我的杯和水。"赠我的《念楼集》扉页上也题了"我的杯很小，但我用我的杯喝水"，请谈谈这句话的含义。

● 这句话我最初是在《自己的园地·森鸥外博士》一文中读到的。作者引森鸥外作品《杯》中所述："拿着火山的熔岩色的陶杯的第八个少女，不愿借用别人的雕着'自然'二字的银杯，说道，'我的杯并不大，但是我用我自己的杯饮水'。"读后觉得非常喜欢，便将其作为森鸥外的话写入《走向世界·后记》中了。钱锺书先生见到《后记》初稿后写信告诉我，这原是法国诗人缪赛的名句，并将法文原文抄给我。不管是谁的话，它确实是我所喜欢的一种态度，因为有这么一点儿洁癖，就不那么容易随着大流去吃大户了。人们读书和作文，我想都应该保持这样的态度。

引用这句话是想表明，我的杯虽小，水也只有半杯，却是我自己的杯和水。我只想用自己的杯，喝自己的水。跟了书一辈子，我一直都是这个态度。

---

*原载 2003 年 9 月《书人》杂志第 3 期

*原题"书与生命早相融——念楼访谈录"

*记者耿星河

09　我用我的杯喝水

——2003.10 与《深圳商报》

文化应该注意那些实实在在的问题

○ 最近看您的《念楼学短》，又看您在《深圳商报·文化广场》上发表的短文……

● 我不是写文章的人，以写文章为业的人叫"作家"，我缺乏当作家的本事，也从来不想当。我只是一个编辑，如今退休了，不上班工作了，有时候想写，就写一写。从前《古文观止》里的文章，也没多少是以文为业的人写出来的嘛。但要写就认真地写，不想乱写。

○ 读您的文字感到您内心很平和。

● （笑）我其实不是一个很平和的人，老来慢慢地学着平和，希望自己平和。我也不是一个胸怀大志的人，不过，当编辑也好，写文章也好，总得对社会关心，对人文有兴趣，那就得有一点自己的精神,有一点自己的想法。可以说,我虽然没有什么政治上的抱负和追求,但自己这一辈子基本上还是按照自己的想法做事的。我不很愿意也不习惯按别人的指示做事,除非我认为那是对的。所以我当不了公务员,只能以编辑终老,得遂初愿,内心也就平和了。

〇 昨天我跟一位搞评论的人谈起浙江文艺出版社出版的《钟叔河散文》,里面有您写的关于清代《汉口竹枝词》的两篇文章,其中有一句诗,妙极了,"此地闺人工打扮,见他儿女想他娘",这种对细节准确而传神的捕捉,可以让人想象那个时代社会风貌和文化形态的鲜活的东西。

● 这一卷竹枝词我是喜欢的,我在文章中讲过,更希望看到它的注解,注解往往能说明很多问题。"竹枝"本来是通俗的诗,文辞和典故没有必要多注解,而应该尽量把当时当地的风俗名物和方言隐语这类我们现代人搞不明白的东西注释清楚。周作人很喜欢竹枝词,他说,"竹枝词、杂事诗是用韵文写的风土志,假如有人对中国的过去与将来颇为关心,便想请他们把史学的兴趣放到低的、广的方面来,读一点这类东西,离开庙廊朝廷,多注意田野坊巷的事,从事于国民生活史的研究,此虽是寂寞的学问,却于中国有重大的意义"。我们中国,国家很大,各个地方有自己不同的特色。汉口那个地方,在太平天国起事之前,近代工商业已经相当发达了,人民的生活相对来讲是比较安定富足的,这从

《汉口竹枝词》中可以读出来,只可惜它的注解太少了。作者原注本来就少,出版社出版时所作的新注,该注的事物许多都没有注,查词典即能明白的"汉皋"、"枕流漱石"之类却不厌其详的大注特注,使我很不满意。现在,很多人谈文化,地方文化、区域文化之类名词满天飞,文章随处可见。但引证的多是经史子集、商鼎周盘、唐诗宋词、古人话语,都不离廊庙朝廷,"田野坊巷的事"很少涉及。其实文化研究主要应该是"国民生活史的研究",不能只从古人的诗文集中去看。现在人们"研究"文化,只注意研究士大夫和"秦淮八艳"们的生活,研究他们和她们的琴棋书画、首饰妆台,很少注意《汉口竹枝词》这类东西。

○ 这本"汉口竹枝词"后来再出版了没有?

● 理想的本子还没有见到,原来湖北出得不是很讲究,但出版了比不出版还是要好。现在浙江嘉兴图书馆有个下岗人员范笑我,搞了一个很有特色的书店,叫"秀州书局",搜集印行了很多乡土文献,他所出的《秀州书局简讯》,记录到店里来买书的人讲的话,有一些也很有意思。

中国近代社会的发展,受各种思想激素的影响太多

○ 在深圳有很多爱读书的人,都很关心您,您在《深圳商报·文化广场》上写的纪晓岚谈鬼的文章,很多人都看了,很喜欢。

● 我不是一个很会写的人。我的职业是编辑,养成了编辑的职业习惯。有什么东西要写,就写一点,但是不乱写。我都七十多岁了,出名、赚钱,对我来说都不重要了。我写东西,总要有自己的所思所感才写,决不勉强地写,这样才写得比较愉快。外面约我写专栏,我都不敢答应,我不能很紧迫地完成写作任务。《念楼学短》的稿子都是现成的,因此才在《深圳商报》发一些,要我现写,我不敢答应。

○ 纪晓岚谈鬼狐的文章,我也看过一些,很有意思。

● 纪晓岚的鬼狐故事,绝大部分都是他自己编造的。他是个传统学者,但是他对程朱理学很反感,他是借鬼狐故事来骂理学,挖苦理学家。如说,某位一生反对迷信最积极的老先生死了,有个"走阴差"的人去到阎王殿办事,见老先生的鬼魂正站在殿外发抖;这时来了位判官,好像是老先生的故友,客气地跟他打过招呼后,笑嘻嘻地问道:"老先生您一生宣传无鬼论,说是根本没有什么鬼,不知道您自己现在成了什么?能告诉我吗?"

○ 鬼狐是子虚乌有的,但故事讲的道理是实在的。

● 故事的意思并不在于讽刺老先生的无鬼论,在于它揭示了这样一种现象:一个人认死理,结果这个"理"反而把他弄得很尴尬,尴尬到无以自圆其说的境况了。一九五七年我那个单位反右派,反到最后,原来搞肃反、搞反右搞得最积极的人,他自己也成了右派,其处境跟故事里的老先生也差不多了。

○ 您这些年有没有到外面走走,比如出国?

● 二〇〇二年我在美国生活了大半年。我看美国的很多生活用品还没中国改变得快,也没中国新。比如美国人用手机,就没有我们那么普遍,他们有些人很不愿意用手机。

○ 您研究近代思想文化史,您怎么看中国的发展?

● 物理学有个词叫"波",中国自近代以来的发展,起伏变化太大、太多、太快,发展的"波"不是很平缓,而是太短促、太急迫了。一切的问题,都在于变化太急、太多、太快。

○ 您是说每一阶段都缺少应有的"涵养时期"?

● 对。就像非自然成长的植物,是用激素培育的。中国近代以来的社会发展,受各种思想激素的影响太大了。

○ 我可不可以这样理解您的话:中国社会要发展,必须有大局观念,要自觉地把中国领土全面地考虑进去,而不是目前很多学者一说"现代"、"与国际接轨",就把占人口绝大多数的农民遗忘了。

● 是啊!学者不能没有基本的眼光和胸怀,不能只做政策的诠释者、宣传者,更不能哗众取宠和"作秀",这种人不是我想谈的话题。比如文化热,你研究文化,就要看此时此地大多数人的文化状态、大多数人的生活状态,而不能光顾着城市"小资"、"白领"的文化和生活,更不能只关注那些"超女""超男",低级趣味。我们研究文化,对社会上大多数人的生活不了解,就无法说清楚问题。

○ 您怎么看现在的中国人?

● 中国人现在的生活质量提高了,但是很多人血管里流的东西还是陈旧的东西,有相当腐朽的成分。我现在不常出门,对社会不是很了解,但是也通过媒体和朋友了解到一些。我感到现在很多人和事,是《二十年目睹之怪现状》和《官场现形记》的翻版,只是人物的服装和语言改变了而已,改变得甚至更粗俗了。我不知道我的判断对不对?中国社会上过去有很多精致的、优美的东西,都消失了,也很可惜。

学习别人的文化,才能保护自己的文化

○ 您觉得我们的传统文化的包容性强吗?

● 总体来讲,传统文化对我们接受民主、自由、博爱的普世价值是比较排斥的,传统文化一定要发生蜕变才行。鲁迅和周作人对中国传统文化和传统社会的分析是很准确的,但是我更喜欢周作人,他的态度更平实些,所以分析更中肯。

○ 您怎么看鲁迅？

● 鲁迅不太能够容忍别人对他的批评。他骂的很多人都是不该骂的，胡适、梁实秋、林语堂、顾颉刚……，这些人与他喜欢的柔石、白莽、韦素园等人相比，文学上和学术上的成就谁高谁低呢？他喜欢别人崇拜他，很乐意别人给他戴高帽子，即使是"纸糊的假冠"。年轻人触犯了他，他也不惜花精力写文章骂，不肯放过。一个犯精神病的大学生错走到他家去，他也要写文章。高长虹总还是左翼文学青年嘛，因为过去追求过许广平，有点念旧情，就咬牙切齿地骂。后来高长虹还是投奔延安，死在解放区了。相反的，像李秉中（一九三六年任国民党中央党部政治训练处科长）和叶永蓁（一九四九年金门反登陆作战的主力"国军"少将师长）这样的国民党军官，他倒是可以与之通信、作序，保持往来，相当友好。

○ 周作人呢？

● 周作人对旧文人和旧文化看得太深太透，对这些东西他很绝望。对植根于旧文化的北洋政府和国民党政府，他很不信任。因此，日本侵略中国，他不跟国民党逃到重庆去，而是留在北平了。如果他只留在北平，在燕京大学教教书，即使在"伪北大"教教书，像俞平伯一样，那并没有大问题。伪大学又怎样？"伪中大"不是还出了革命的大人物吗？但周作人同样有软弱苟且的劣根性，化装到屋里去打他一枪,他就"下水"了。

○ 因此后来他被认为是汉奸……

● 毛泽东说他是"文化汉奸,又没有杀人放火",这当然就是定论了。但毛又说可以让他译书,过些时候也可以重印他的著作,只要他作检讨,认个错。他却没有作出令毛满意的检讨,他不承认卖了国。他给周恩来写了封信,信中谈到了"名节"的问题。中国旧文人嘴上最爱谈名节,这个东西又常常被政治化,成为当权者对在下者的一种苛求,不好怎么说了。日本鬼子打进来,政府都无能御敌,执政者要负最大的责任,普通老百姓包括教书写文章的人是负不起那么大的责任的。

○ 周作人心里一定有对中国前途的考虑。

● 他是从全人类的角度看中国的前途,他认为学外国的东西对自己国家有好处,相反能保护自己的文化,这个话题就大了。(正在此时,家人喊钟先生来客人了。)对不起,我这里来了一个客人,(交代家人:你请客人先坐!)咱们先聊到这里,你还有机会来长沙吗?欢迎你再来。

○ 通过电话听钟叔河先生谈话,已属太不礼貌了。听了他的谈话,就更觉得他的"水"既宽且深。想起钟先生在《走向世界·后记》里这样写过:"'我的杯很小,但我以我的杯喝水。'这是法国诗人缪赛的名句,也是我喜欢的一种态度。真正能够不搬别人的杯喝水吗？其实也未必尽然；不过有这么一点儿洁癖，就不那么容易随着大流去吃大户罢了。"

"我用我的杯喝水"————钟叔河先生有自己的水，也有自己的杯。

---

* 原载 2003 年 10 月 20 日《深圳商报》

* 记者许石林

10　老新闻的新价值

——2004.4 与苏州《名城早报》

○（《名城早报》为《苏州旧闻》一书出版书面采访）

●《苏州旧闻》从《点石斋画报》上选出的近三百幅画，画的全是清朝光绪年间苏州的“新闻”，“东洋车”、“火轮船”……都是百年前的新事物在苏州最初的留影。

兵勇扭打店伙，耶稣堂西教士出面干涉，“拿得”兵勇两名，交“县尊”收禁，抚台即饬查明以军法论处，这看得出当时西方传教士在苏州的势力。一列掮“洋枪”出“洋操”的队伍前，却坐着个“头戴红纬大帽，足穿广袜快靴，满面（鸦片）烟容”的“老将”，亦可视为晚清腐败政权搞“国防现代化”的剪影……

将苏州百余年前这类“旧闻”辑为一书，左图右史地陈列出来，就成了一本既有城市社会文化史价值，又有广泛阅读趣味的新书。

大部分图画所画的，则还是传统社会的日常生活。那时候的"吴中年景",似乎处处仍然在"点缀升平",一般近代史著作中强调的晚清社会危机少有反映。奸、骗、命案从来是社会新闻的重要内容,书中也有不少此类材料,从中亦难找到可供"阶级分析"的材料。这一点很值得注意。

"宝镜新奇"一幅有说明云:"博习医院西医生柏乐文,闻美国新出一种宝镜,可以照人脏腑,因不惜千金,购运至苏。"这岂不就是 X 光机么。伦琴(Wilhelm K. Rontgen)一八九五年才发现 X 射线,两三年后 X 光机便到了苏州,苏州真可说是引进新技术的先锋了。

---

* 原载 2004 年 4 月 23 日苏州《名城早报》

11　谈办国学院
　　——2005.6 与《潇湘晨报》

　　一九四六年暑假,十五岁的钟叔河抓着毛笔趴在桌上,用文言文写了他的第一本小书——《蛛窗述闻》。这时他已经读过些古书,对于这个少年来说,《左传》、《史记》和《聊斋志异》、《阅微草堂笔记》一样,都不过是能够给自己带来阅读的愉快,能够满足自己的求知欲的东西。只要自己的手边有,就拿来读,一点也不"神秘"。

　　二〇〇五年六月八日,我面前的钟叔河已是位性情豁达、观点犀利的老人。他说,该拿双面镜看国学,它既是一份遗产,也是一种负债。

不相信国学有危机

　　〇五月底六月初,中国人民大学宣布创办六年制本硕连读的"国学班",这又引起了大家对如何拯救国学危机的讨论。

● 我觉得无须渲染什么国学的危机。即使存在这么一种危机,办什么国学院、国学班也不能解决问题。

以"国学"为名办班办校不是什么新鲜事物。北洋时期有"清华国学院",虽然那是一个特例,民国时期无锡办过"国学专修学校"和"国学补习班",上世纪五十年代北大又办过五年制的"古典文献专业",这些好像都已无法复制(例如王国维、梁启超、赵元任、陈寅恪"四大导师"),而这五十多年中有成就的"国学"学人却大都不是冠名"国学"的班、科、校、院培养出来的。连古巴比伦文字都有人破译,国学难道会后继无人吗?

有人说,从小孩子起就要读《三字经》,照过去那样要他们背诵。可以说,背《三字经》是肯定接不了"国学"的班的。宋元明清,直到抗战以前,农工商人家的孩子要读点书,识点字,都是读《三字经》、《百家姓》,读的方法就是背诵。千百年来不知多少孩子读这个,背这个,又读出了几个懂得"国学"的人物呢?那时候,真正的读书人家、儒林子弟,要去应科举,绝不会以《三字经》来"发蒙",读《知堂回想录》和《沈宗瀚自述》可知。到我们这一代,进学校了,当时从初一起就只读文言文,班上同学都读,但一个班三四十人起码有二三十个是读不通的,能背诵也没用,写不通文章。

国学在我们的传统文化中是客观存在,有兴趣又有天分的人自然会去研究它,根本不需要通过办国学院、背《三字经》来培养。学理工农医的人,进技校读专科的人,更无须通"国学",能通固然好,不通也没什么要紧。

凝聚力强的文化,保守性也强

○ 对待国学,您的基本态度是怎样的?

● 古文中并无"国学"一词,这是"西学"进来后才叫出来的。现代化以来,"国学"确实一直受到冲击,"五四"时期和"文革"时期最为明显。典型例子发生在鲁迅那里,当时《京报副刊》向名家征集青年必读书目,鲁迅的答案最有意味,他没有提供任何书目,只写了一句话:"从来没有留心过,所以现在说不出。"后面加个备注:"我以为要少——或者竟不——看中国书,多看外国书。"表现出来的是全盘否定的态度。当然,鲁迅的特点是爱讲过头话,他自己并不否定传统文化。不久以后,他给老友许寿裳的儿子开书目,又全都是中国古书。

我还是认同"五四"主流(以胡适、周作人为代表)的精神。我以为,中国传统文化一方面源远流长,有很多优秀的东西,但另一方面,要看到它是内省的、内向的,凝聚力很强,因此保守性也强,很大程度上是排斥外来文化,抵触现代精神的。

我们不能否定中国传统文化的丰厚和灿烂,但祖宗给我们遗产的同时,也给我们留下了不少债务。

不能靠提倡国学来实现现代化

○ 怎么理解您说的这种"传统的债务"？

● 就是说传统中有负面的东西。这种情况当然在每个民族的历史文化中都存在。负面也不一定就意味着丑恶，它或许是一种消极、颓废。举例说，鲁迅曾指责章士钊抄袭前人的一篇赋，我找出来一读，发现这篇《齐姜醉遣晋公子赋》，除了对仗工整，声调铿锵，每段还对应标题的文字次序来押韵，再加上典故的运用，做这么一篇精巧的文章，很难。我就想，那些有思想、有智慧的人，把思想、智慧消磨在这些文字游戏中了，这就是一种负面的东西。鲁迅、周作人他们是读了很多古书的，因为读通了，所以能看出这方面的问题。有传统的债，就意味着我们后人要付出一些努力，对传统重新评判和估价。

古老文明能发展到今天，说明它生命力强，凝聚力强，保守性强，能够保守住自己的特点。现在进入了全球化文明时代，我们的传统文化要现代化，其中存在很多矛盾和冲突。举一个例子，如今手机已经普及全国。我家的保姆小谢，她的夫家和母家，三代人个个都用上了手机，可以在互联网上聊天，通消息，这方面是完全"现代化"了。但她的丈夫在外头打工，做工做了一年多，包工头欠他的工钱一直不给付清，他却不知道用法律维护自己的权利。

○ 我们外在的装备现代化了,但内在的精神不一定就现代化。

● 对。不管你讲几个现代化,首先应该是人要现代化,思想要现代化。人的思想现代化了,知道捍卫和行使自己的权利了,社会和国家就现代化了,其他方面的现代化,四个,八个,无数个方面的现代化,也都容易实现了。而我们并不能靠"国学"做到这一点。

读几句古书,就爱国了吗?

○ 在许多号召发扬国学的文章里,我们不难发现,与其说作者是关注国学本身,不如说更是在强调我们的民族尊严和民族文化自信。

● 第一,民族自尊心的发扬不是靠读一两本古书来维护的。古代人不都读古书吗,叛变的人,动摇的人,也多得很。第二,对于光是口头大喊要发扬民族自尊心的人,我听了总是有点怀疑。民族自尊心也好,爱国主义也好,首先是要这个民族和国家可爱,这个爱才是真诚的。首先要解决的是,我们要努力,让我们的民族和国家可爱,我们说的爱才是可信的、真实的。都来读几句古书,民族自尊心就会增强?未必。

爱国观念在历史上出现得比较迟。中国古代的爱国就是忠君,爱国观念是和君王联系在一起的,不是我们现代意义上的爱国观念。一代君主战败亡国自杀了,人民就该追随君王都去死吗?"自经于沟渎",这是孔夫子都不赞成的,《论语·宪问》一章里明明白白记着呢。大家都自杀了,岂不是亡了国,又灭了种吗?这是什么爱国主义?我们应该是爱乡土,爱乡土上的人和家,爱自己的理想和信仰,爱和平,爱生活,这些加起来就是爱国了。古人说,"求忠臣必于孝子之门",道理也许可以相通吧。

○ 强调保护国学的人举出很多现实的例证,比如一些年轻人不能认读文言文了,书籍、报刊、电视媒体等似乎也对正宗传统文化的发扬不重视了……

● 我觉得一些古典的文史哲书籍,在年轻人中间产生的影响慢慢地减小,这是正常的,因为现代人要学习要掌握的知识太多了。我曾在美国住过些时候,发现美国的年轻人,有的甚至是博士,他了解的美国早期历史比我了解的还少。而我仅仅是因为兴趣,找《北美殖民史》、《美国建国史》、《美国历史地理》这些跟我无关的书籍读过。但这并没有关系啊,他并不需要知道,因为有研究历史的人知道。英国人也没有必要人人去背诵拜伦、莎士比亚,自然有研究文学的人会去背诵。"乾隆盛世"(借用流行语)也不是人人都做《四库全书总目提要》,个个都读过《红楼梦》的,有纪晓岚、曹雪芹在做在写就够了。再说一句,我敢保证,纪晓岚和曹雪芹也没读过《三字经》,他们不会读这种东西。

○（谈话进入尾声，最后我提了个"常规性问题"：）对现在学龄的孩子，或者年轻人，您有没有关于读国学书的建议？

● 建议没有，教训倒是有一个。我出过一本《念楼学短》和一本《学其短》，本来是写给我的四个外孙女读的。我其实也赞成有条件的家庭让孩子读些古文，有些典故也不能不懂，古文文字简练，没有空话，对学理工的人也很有用。可是结果她们没一个人读。她们留学的留学，读博的读博，工作的工作，没有时间读。

○您说的教训究竟是什么？

● 教训啊，就是白搭。（给了我一个"反常规回答"，他自己也忍不住笑了。）

---

* 原载 2005 年 6 月 10 日《潇湘晨报》

* 原题"'人大'国学院重振国学？——本报专访湖南学者钟叔河"

* 记者石寒

12　从牢房走向世界

——2005.7 与《文学界》月刊

○一九五七年,因为你的"四十八条"和主张党外办报,在反右派斗争中,您和夫人朱纯上了《新湖南报》的头版头条,报社"反右办"还专门印了一本一百二十多页专门"揭发批判钟叔河"的书。当时,您是怎样挺过来的?

●我也不知道当时是怎样挺过来的。两公婆拖着从五岁到还在腹中的四个小孩,收入从每月一百七十元骤降为零,生活确实不易。也许当时年纪轻,吃得苦,加上有几本书可以看看,才能活下来的吧。

○"文化大革命"中,您又被打成了"反革命",在井冈山下的洣江茶场劳改了九年,这九年您是怎样度过的,都干了些什么,它对您的人生之路有着怎样的影响?

●判刑以后,朱正对我说:"我判三年,可能会要坐满;你判十年,是肯定不会坐满的。"果然到第九年就"平反"出狱了。坐牢衣食不愁,还读了些书,苦就苦了在牢狱外面的朱纯和孩子。

○ 一九七九年秋,您一到出版社,就着手编辑《走向世界丛书》,同时撰写《从东方到西方》和《走向世界——近代知识分子考察西方的历史》等书,用周实的话说,您是"刚走出牢房就走向了世界",当时您是出于一种什么样的心态和想法做这些事情的?

● 编入《走向世界丛书》的这些书,容闳、黄遵宪和康梁的几种坐牢前我就看过。在牢里时也曾和别人讨论过并以为,中国近现代的中心问题,就是一个如何走向世界的问题。其实这个走向世界的过程,至今还远未完结。我觉得这些书可以引起现代人思索,当然这得是有心人。

○ 在您夫人朱纯的《悲欣小集》里,我读到了关于您一家人在非常岁月里骨肉分离的段段往事,请问是什么力量给了您精神上的支撑?当时,您的信念是什么?另外,能否结合您自己的人生经历,谈谈您对爱情、婚姻和家庭的认识。

● 朱纯比我大两岁,我们结婚已经五十二年,我觉得和她结婚是我一生中最大的成功。

夫妻一同被开除,完全没有了赖以维生的工资收入,又正碰上"三年自然灾害",两人只能"日出而作"苦力地干活,才能买回"计划口粮"度命。四个幼小的孩子,祖母带去一个,外婆带去一个,大姨妈带去一个,还有一个。朱纯自己是在孤儿院里读完小学的,院里还支持她读了初中,她以为共产党办的孤儿院总比国民党办的要好些,于是将最小的孩子送到国家办的孤儿院去了。却不知此乃"移民计划"的一部分,计划在内地大中城市中接纳困难家庭无力抚养的幼童,作为"孤儿"送往内蒙古,交由无子女的农牧民去做儿女,户口、粮食关系随着转去,以后想找也找不回来了。所以一九七九年"改正"以后,我们夫妻头一件大事,就是无论如何先得找回"四毛",她就是如今在湖南日报社老干办工作的钟先鲜。

○ 您曾经选编过十卷本的《周作人文类编》和四卷本的《周作人文选》,您是怎样看待周作人其人及其作品的?

● 读文章有如吃菜肴,各人口味不同,我不能代表别人。我只能说,我自己最喜欢也最佩服的文章,在古人中是张岱,在今人中就是周作人。我拖板车时,他给我回信,给我寄书,看得起我。我如今来编印他的书,也算是"士酬知己"吧。

○ 您的《学其短》一书共收入三百余篇古文短篇的今译,记得您在《自序》里说,这本书是"为我自己的外孙女儿们而写的",您还曾经编过《曾国藩教子书》,在《编者序》里,您对曾国藩的教子之道较为欣赏,能否谈谈您自己在育人上的心得体会?

● 人不可能个个成才。教育之道,第一是目标不要定得太高,第二是不要过多为其"铺垫"和"开路"。这样至少不会害了他。孩子们有中人之资的,能够自食其力做个普通人,就不错了。

○ 一九九三年您获得了我国出版界的最高奖项——"韬奋奖",能谈谈当时获奖的心情吗?

● 这没什么好谈的。

○ 听说您的书柜是自己动手做的,这在读书人当中也算是一个特例了,您能谈谈当时的想法吗?

● 我的确喜欢做手工,各种各样的手工。如今我还常常用硬纸板做小盒子,自己用来放文具,放药瓶子⋯⋯当右派时打工糊口,开始只能拖板车,太累了,挣得也太少。后来便学会了做木模,又学会了画机械图纸。我的图画得不差,并不弱于大多数机械系毕业的工程师。画图挣钱多,但做木工的兴趣大,自己乐意做。这些书柜却并不是我自己做的,如今自己也做不动了。自己做的"活儿",只留下四具木工刨和两个茶叶盒。

○ 我很喜欢读您的文章,深厚的文化底蕴加上文字的自然流露,呈现出来的正是一代学人旷达的人生境界。您能谈谈您对自己文章的看法吗?

● 我写得很少,也写得不好("好"=自己满意)。但我一定要有所知,有所感,有所思,才会写。写不出时,绝不硬写。这样写出来的东西,虽然不好,至少不会太丧失自己的本色。

○ 您现在很少出门,主要在忙些什么?

● 我从来很少出门,生性如此。

○ 在结束这次访谈之前,还想请您对《文学界》和广大读者说几句。

● 办刊不可能在一切方面领先,能够办出一点自己的特色就是很大的成绩。我的文章,恐怕不会有"广大的读者"。能借贵刊一角,与几位还愿意看看它们的朋友作点交流,于愿足矣。

---

* 原载 2005 年 7 月《文学界》第 2 期

* 原题"刚走出牢房就走向了世界"

* 记者铁尘

13　谈作家办书院
——2005.7 与《中国青年报》

○（某著名作家新办"白鹿书院"，报社为此电话采访）

● 我认为，书院得是有影响的、能开学派的大学者，才能办好。上世纪四十年代梁漱溟和钱穆都办过书院，他们都是真正的大学者，才有资格办书院。而今天，真正的大学者在哪里呢？

作家所办的书院和学者主持的书院，人们最好能够严格地加以区分，因为文艺和学术是两回事。对古代书院的历史贡献，我也有一点不同的看法。书院是中国传统文化的传承场所之一，但当时的文化也不能说主要就是由书院来传承的。书院的兴盛只是在南宋。书院外面，还有更多人走科举这条路。

我承认，遗存至今的书院建筑，作为文化遗产和古迹，是应该好好保护的，因为它本身值得研究。如果有些人想办学、想讲学，他们搞起来的场所，愿意取一个"××书院"

的牌子,我看也没有什么不可以,但最好不要与古时的著名书院同名或"接近同名",何必使人误解呢？传统文明与现代化的关系当然值得研究,但书院毕竟是过去了的东西,现在来大规模提倡恢复就完全没有必要了。现在教育工作、文化工作存在的问题很多,有心做事的人可做的事情不少。忙着办书院,实在与这个大局无关。

———————

* 原载 2005 年 7 月 18 日《中国青年报》(发言者还有陈来、陈平原等,只录本人部分)

* 原题"白鹿书院新张升温传统文化／学界名家重新审辨现代书院是与非"

* 记者燕舞

14 留住外地的读者
——2005.9 与《北京日报》

○(《北京日报》报庆函请书面评报)

● 几十年来养成了读报的习惯,但我发觉,喜欢读外省外市报纸的人,似乎越来越少了。《北京日报》却是少数能留住外地读者的报纸之一,这未必和它"首善之区"机关报的身份有关,而是因为它有几块能够吸引读者眼睛的版面,对我而言,就是"文史"和"读书"。比如说,七月二十五日的"文史"版《这段历史为什么被湮没》一文便饶有兴味,它介绍了一八八七年清政府派人"游历"西洋,考察欧美和日本国情的情况。派出的使者十二位,其中包括傅云龙、缪佑孙、刘启彤等知名学者,他们将考察成果写成了《游历日本图经》、《俄游汇编》、《英法政概》等书,都是近代中国"求知识于世界"的重要收获。作者王晓秋教授为中外交流史专家,此篇材料扎实,文笔生动,而且配发了光绪十三年(公元一八八七年)九月十二日的《申报》和傅云龙的照片,读来兴趣盎然。于是忍不住写下这几百字,表示我对《北京日报》的一分感谢。

---

* 原载 2005 年 9 月 19 日《北京日报》

15　出版泡沫谈
——2006.1 与《中国图书商报》

○（《中国图书商报》函请评论当前出版工作）

● 出版是文化的组成部分，不可能脱离整个文化状态要求出版业有特别优异的表现。所以，文化复苏时期有出版的复苏，文化繁荣时期有出版的繁荣。而当搞笑剧占领了舞台，写武侠小说的被尊为大师，"致仕"、"常凯申"之类硬伤触目的"文化散文"风行全国时，出版业之进入平庸期，也就是势所必至的了。

出版又是一项产业，是整个社会经济的一部分。过去编、印、发行都在计划经济的轨道上运行惯了，领导体制、人财物的管理都是下边听上边的。如今脚和身子算是"进"了市场，头脑和双手却还被原有的关系制约着。这种被制约着的市场经济运作，有点像戴着枷锁跳舞，即使舞技再精，也难跳得好。

正如有泡沫股市、泡沫经济一样，我觉得现在的出版业,也有相当大一部分可以称之为泡沫。看起来很大一堆,在阳光照射下亦显得灿烂缤纷,五光十色,其实一大半却是"搅"起来的,没有扎实的内容,也不能够经久。

"搅"也有不得不"搅"的理由。一是为了打短平快,抓畅销书。搞来搞去,眼睛还是盯在教材、教辅或变相的教材、教辅上。奶酪只有这么大一块,都视之为活下去的命脉,拼命来争,在选题策划、前期投入等方面的大量重复、大量浪费便不可免。即使是纯奶酪,倒下去的水太多,搅和的人手太多,也就被搅成了一大堆泡沫。

二是为了炮制"获奖书"。为了繁荣出版、做好文化宣传工作,设立各种奖项,用意本是好的。但看我们过去的商务、中华、开明、生活,看人家的牛津、剑桥、小学馆、讲谈社,哪本书是为了获奖而组织出版的呢?评奖应在图书出版以后,至少经过再版,经过读者的筛选,经过评论界的长期讲评,而不是出钱请人来"评"。

如今的出版社迫于功利,只抓两头,一头是跟风狂抢畅销书,一头是以"投入"来炮制"获奖书",结果两头都只"搅"出了若干泡沫。你如果不相信,以为我这是在危言耸听,只要看看这些年真正在读者中产生大影响的书有几本是"获奖书",不就明白了么?

最后还想补充一句:人固难于胜天(形势),但能干的人总还可以发挥自己的能动性。在这里我想向编辑同行进一言:少掺和到"搅泡沫"的热昏中去,认真扎实地出几本经得起时间检验的、现在和以后都有人要看的书吧。一个编辑一年出一本,全国一年也就有几千上万本,泡沫里头也就有不少硬东西了。

------

* 原载 2006 年 1 月 20 日《中国图书商报》

16　一个平凡的读书人
—— 2006.2 与《南方都市报》

　　念楼就是廿楼,也就是平常所说的二十楼。钟叔河住在长沙城一座公寓的二十楼上,这些年一直以"念楼"为号。数字是多么的枯燥,但钟叔河却在枯燥中找出了一点读书人才能体会到的味道来。

　　编辑是个枯燥的职业,整天与沉闷的书稿打交道,很多人包括从业者,都认为这个职业是在"为他人做嫁衣裳",书再风光,似乎都与自己没有多大关系,自我调侃中带有些许无奈。

"知识分子"与"读书人"

　　〇（一九三一年,钟叔河出生于一个读书人家。他讲过自己是"读书人家子弟"。他认为,中国过去的读书人,不能完全等同于西方人所说的知识分子;而现在人们所称的"知识分子",有的却不一定读过多少书。于是我问他）

钟先生,这次很高兴到长沙来采访您。几位长沙的读书人朋友认为,您身上有比较典型的湖南读书人气质……

● 不,我自己并不这样认为,更不认为读书人——知识分子可以分为湖南的、湖北的、广东的……他们都是公共的。我只认为,我一直在做编辑,我只是一个普通的读书人,一个普通的、做编辑的知识分子。

知识分子如果按职业来界定,大体可以分为三个部分:最大的一部分是教育工作者;另外一部分是创作研究者,包括写作者和科研工作者;还有一部分是搞信息传播的,包括出版编辑。划分不一定很准确,但大体上是这样。

"知识分子"这个名词,在汉语中是怎么出现的,我不很清楚。共产党领导中国革命,一九三九年发过一个重要文件——《大量吸收知识分子》,文件里讲的"知识分子",和 Intellectual 是很不相同的,不是一回事。所以我有时宁愿自称读书人,虽然我读的书不多,外文书根本不认得,读不了。

我所说的这三部分人所要求具备的素质是各不相同的。写《史通》的刘知几讲过,论人材看"才、学、识"。

我认为,教育工作者首先要有"学",教书的人总要比被教的人多一点学问;看他合不合格,先看他有没有学问。搞创作研究的首先要有"才",学问当然要有,但更要有天分,要有才;如果他没有一点天分,搞创作研究那是不能搞的。做记者采访,搞传播,当主播、主编、主笔呢,对于他们而言,我认为最重要的就是"识",要有见识。

当然,"才、学、识"三者不是孤立的。要有见识,还是先应该有学问,孤陋寡闻是不可能有见识的。周作人讲过一句话,搞鉴赏没有诀窍,就是要多看,看多了,即使自己不能画出一幅画来,但他就能看出好画,能识货。搞我们这行,包括你,看书,看文章,看人,看事,都应该看得出好坏,才能够不上当。这就需要有一点见识才行,如果不具备这一点,你就很难做好。

我这个人的"学"很不足,毕竟只有自己看书看来的一些知识,七零八碎。"才"也不怎么样,中人之资,顶多在及格线上。只能够说,文字功夫还是有一点点,边做边学也算积累了一点经验,对于中西交通,对于周作人,对于民俗文化这些方面有一点兴趣,谈不上有什么专门研究和学问,写点散文也看不出有多少才情,不过对中国的历史和文化多少有一点自己的见识,这是唯一差堪自信的。

我做编辑的时间其实并不长,十八岁到《湖南日报》(当时叫《新湖南报》),先搞采访,后当编辑,当到反右时不过四五年。那时候在报社里当编辑,比现在的自由还少,自己能够做的事情不多,空间很小。真正来编书,还是在一九七九年落实政策以后,不回报社,到出版社,才认真做了几年,但一九八九年我又离开了岗位,总共只有十年时间。当然,一九八九年以后我还编过一些书,但已经不是坐在出版社里做"工作",而是自己想编啥就编啥,用现在的话叫

"自由编辑"了。

○ 还是从头说起吧。我听说您小时候家庭条件是不错的,是世家子弟?

● 世家根本谈不上,只是个普通的读书人家,当然也不是劳动人民出身。过去,祖上要做大官,后代要有封荫,有稳定的产业和地位,生下来至少也是个"承仕郎"什么的,才能算世家。我的先人没这个资格,只是个普通的读书人家。

○ 解放后您刚开始的时候是做报纸?

● 在湖南省报社。一九四九年八月省报和新华分社办了一个新闻干部训练班,我考了这个班,还没等到发录取通知,就和另外几个人到报社工作了。

我本来是要进大学读书的,想去学考古或者植物学。我父亲是教数学的,我哥哥学农的,我看过些自然知识方面的书,对植物学感兴趣,也看过一些考古方面的书,对挖掘人类古文明的事更有兴趣。我考新闻干部训练班纯粹出于偶然,那时我才十八岁,正是青春期,有一个女孩子,我对她有好感,她要考新干班,我便跟着她去考。

我本来想读书,家里也有这个条件。父亲五十多岁才生我,一九四九年他已经七十多岁,早退休了。国民党省政府给了他一个"文献委员会委员"的名义,有一份收入。共产党来后,仍旧给了他一个"文史研究馆员"的名义,还是有一份收入。这种名义不会有很多钱拿,但毕竟还有点钱,而且是闲差,不必上班做事,也不必去开会学习,这就很不错了。而且他还是堂堂正正的"省人民政府工作人员",高知待遇,不算"地富反坏",所以我要读书还是可以的,何况那时进大学读书不要钱,都是公费。但是,报考新干班就算是参加了革命,安排了工作,他如果不需要你了,可以叫你走,往远处一调,不走也得走;他如果需要你,那就是"工作需要","个人必须服从组织"。不让去读书,去读书就是脱离组织,脱离革命。其实那时候,考北大、清华都行,因为北京的大学都空了,清华、北大的绝大多数学生都不要文凭南下了。只有少数人还想读书,但原来的课都停了,朱光潜、冯友兰他们都不讲课了,只讲社会发展史,讲猴子变人了。这样子,再加上开头几年在李锐、朱九思手下做事还痛快,又和朱纯恋爱了,结婚了,也就没有去上学读书了,自己读吧。

被打成"右派"不觉冤枉

○(一九五七年,钟叔河被打成右派,进入他人生的第一个低谷期。有人对他说,如果"报社只划一个右派,那也肯定是你钟叔河"。出人意料的是,钟叔河告诉我,他并没有被冤枉的感觉。但我还是忍不住要问)您一直在报社工作,为什么到反右的时候被打成"右派"了?

● 我在报社做编辑,负责同地方记者、通讯干事联系,那时的通讯干事就是新闻干事,每县设一个,地市则设立记者站,我把通讯干事和地方记者发回的稿子整理见报。朱纯就是衡阳记者站的记者。一九五七年,我和朱纯都被打成"右派"了,当时湖南日报打了五十多个右派,人民日报也才十几个。"反右办"有人对我说:"如果报社只划一个右派,那就是你钟叔河。右派划多划少并没有指标,有多少划多少,不会冤枉。即使有冤枉,你这一个总是不冤枉的。只要有一个,肯定不会错,那就是你。"

○ 为什么认为您肯定是唯一的"右派"?您自己怎么看这个问题?

● 因为我的右派言论多,"有纲领"呀。为了批判我这个右派分子,还给我一个人编了一本书,一百五十多页,全是"同志们"检举揭发我的"右派言论",比如"民主总是越多越好,专政总是越少越好","知识分子向工农学习学不到什么东西"等。检举揭发的总有几百条。"反右办"拿来和我"见面",叫我把自己承认的写下来。这类的话我确实公开讲过,认为也没什么不对,便写下了四十八条。加上不得不奉命作出的"自我分析批判",便成了这样的一本,作为我"反党反社会主义的纲领"。他们说我"错就错在要思想",这一点我承认,所以我并没有被冤枉的感觉。

○ 打成"右派"以后被送去劳教了?

● "右派"的处理分几种。"情节严重态度恶劣者送劳动教养",这是第一种,其中"态度特别恶劣或情节特别严重者,并开除其公职"。我是"开除公职送劳动教养"。幸亏我既无"家庭成分问题"亦无"政治历史问题",够不上"反革命";又没有犯过"生活作风错误"和"经济错误",不能叫"坏分子"。于是由父亲出面,"申请回家自谋生活",免于去劳动教养,朱纯也没有去。

和周作人的交往

○(在被打成右派之后,钟叔河没有接受劳教的处分,"自谋生活",在街道工厂里拖板车,用他自己的话说是"引车卖浆"。也正是在这以后,钟叔河反而有了他人生中难得的平静,有了读书的机会,阅读了大量的书籍。也正是在这段时间里,他和周作人有了交往,为他二十世纪八十年代复出后大胆率先出版周作人的作品奠下了基础。我问他)我看过您的材料,一九五八年之后您到街道工厂里做工去了?

● 一九五八年我不愿去劳教,申请回家"自谋生活",自己却并没有谋生的本领,的确苦过一阵子。其实,父亲家里的生活本来还不是很苦的。我们夫妻两个原来的工资都不低,比我父亲的文史馆员还高一点,却从不储蓄。开头各带一个小孩回各自父母家"啃老",但"三年自然灾害"跟着"反右派斗争的伟大胜利"接踵而来,纵然父母并不怨尤,自己也无法安心"啃"下去。于是一两个月后就从父母家搬出来,自己租个房子,我拖板车,朱纯糊纸盒子,来养活自己。刚拖板车时,真是拖得一身痛,主要是躺在床上没睡着时和睡觉醒来时痛得很。再痛还得拖,好在年轻没生病,痛了几天,睡了几天,也就不痛了。那个时候没有什么朋友往来,真正看书看得多就是那一段,还有就是后来关在牢里的时候。年轻时我有个长处,看书看得很快,而且看了就记得。

○ 那个年代,您看的书从哪里来?

● 我父亲家里有些书,他还有省图书馆发给"高知"的特种借书证,我用他的证去图书馆可以借书看,连刻本《金瓶梅》都借出来了。说来你不信,拖板车拖得骨头都散架子了,还看《金瓶梅》。我对朱纯说:"饭还是要吃的,书还是要看的,要我们死我们是不得死的。"拖板车拖了几个月,慢慢在社会上找出了点门路,便到大专学校去刻写讲义,刻蜡纸,八毛钱一张,多时一个月刻五六十块钱,比拖板车强多了。后来又学会了机械制图,学会了做模型(翻砂木模和教学模型),钱容易挣些,书就更看得多些了。我主要是绘图,出于兴趣也做木工,你看见的这两个木工刨子就是我做的。欧洲的木匠是世界上最好的,他们的手工刨、结构、做工和用材,都比中国的好。

○ 当时怎么会跟周作人有来往?

● 抗战八年我在平江老家,老家没有新书看,全是线装书。哥哥姐姐的初中教科书,国文、历史、地理、动物、植物,成了我最喜欢的读物。大姐比我大八岁,哥哥比我大七岁,他们的课本里面有周作人、冰心、朱自清、叶绍钧等人的文章,我对周作人的文章最感兴趣。他的文章不做作,经得看,开始看难懂些,但是越看越有意思。不像"燕子去了,有再来的时候;桃花谢了,有再开的时候……"那样琅琅上口,但读过几遍就乏味了。有一篇《金鱼、鹦鹉、叭儿狗》,后来才知道是从《看云集·草木虫鱼·金鱼》中摘录的,真是百读不厌,每次读都有新的体会和感觉,至今仍然如此。课本中的"作者介绍",介绍他有《自己的园地》、《雨天的书》等作品,我脑子里便牢牢记住了这些书名,后来一见到就弄来读。总之,这个人的文章对我的胃口,我就是喜欢他的文章。

参加工作后不久读到上海出版的《鲁迅的故家》,署名周遐寿。其中有一节《一幅画》,说他的小弟弟三岁时死了,母亲叫他找人画一幅像,又没有照片,不知道什么样子,画师完全是凭想象画的。这幅画在母亲的房里挂了"前后足足有四十五年",在母亲八十七岁去世后,周作人写道:"这画是我经手去托画裱好拿来的,现在又回到我的手里来……现在世上认识他的人原来就只有我一个人了。"真是至情之文,看后很是感动。

后来又看到一本书,叫做《希腊的神与英雄》,也署名周遐寿译,也觉得很好,但希腊神人的名字多与通用者不同,写信去问出版社。那时候出版社对读者来信不像现在,是很重视的,他们自己没有回信,把信转给周作人。周作人回信给出版社,再转给我,我才知道周遐寿就是周作人。后来我就给他写信,问他要书,请他写字,他都一一回应了,从此便和他通信了。一九八九年周丰一整理他父亲的东西,发现了我写给他父亲的第一封信,便将其复印一份寄回给了我。

○ 给他写信的时候,没有想过他的汉奸问题吗?

● 没有想过。

周作人和日本人合作,做"华北教育总署"的"督办",这肯定是不应该的,是他一生的败笔。但我想这并不影响他的文章的价值。我的态度是"人归人,文归文"。就是要完全否定这个人,也得先看看他的文章。

汉奸问题,毛泽东都说过周是"文化汉奸嘛,又没有杀人放火"。这就铁板钉钉,盖棺论定了。

汉奸是汉族同异族(金族、满族……)作战时出现的名词,同时出现的当然还有"金奸"、"满奸"……,金、满现在都成为兄弟民族了。日本是异国,和占有香港达一百五十年的英国和派人拿钱来干涉中国内政的俄国一样,同异国合作,当然比跟异族合作更不好吧。

周作人如果不当"督办",只在"伪北大"教教书,问题也许就没这么严重。北京的"伪北大",南京的"伪中大",在那里读书的毕竟都还是中国大学生(听说其中还出过有名的大人物),他们总不能等到抗战胜利"国府"还都再来进大学吧!

○ 是不是因为有了这段交往,所以你八十年代在岳麓书社出版了许多周作人的书?

● 出周作人的书,不只是因为我喜欢他的文章,更重要的是因为他的思想和见识有启蒙的意义。四十年来不印他的书,对新文化的建设是很大的不幸,该设法补救。当时出他的书有风险,有阻力。后来岳麓书社终于未能将书出齐,半途而废,即可见阻力之大。

一直有人骂周作人,这并不奇怪。一个已经被打倒、已经戴上了"帽子"的人,骂他既可以显示自己"正确",又不会给自己带来任何风险。骂刘少奇,骂彭德怀,后来骂"四人帮",都是同样的心态。这是一种习惯,一种文化。还有一种观点,就是所谓"大节"有亏,一切就都完了,文章也不好了,它有时候很容易误导人。我看一个人,是先看他的人文主义心怀,看他对人民怎么样,是做有害于人民的事还是做有利于人民的事,做有害于文化的事还是做有利于文化的事;并不是先看人们给他戴上的帽子、贴上的标签,因为标签是可以变换的。

另外,我出他的书,采取了一种态度,就是我自己不去写周作人,不去评论周作人。要写我也可以写一点,当然无法写得像别人那样好,但至少可以写得早一点。为什么我不写?因为我一写,就要卷入到争论中去。我不参加对周作人的评论,但是,我出他的书总是没有错的,即使要批判他,也要掌握他的材料对吧?你不能瞎批啊,没看过他文章怎么批?

○ 当初出书的时候是不是感到了很大压力?

● 是有压力。首先,岳麓书店是一家"古籍出版社",周作人的书并非古籍,你古籍社为什么出周作人?这是不务正业。《走向世界丛书》还是文言文的东西,"五四"以后的就不是了,周作人写的是白话文,而且还是白话文的开山祖,别人看来这是和古籍不相干的。

我出曾国藩的书开头也有人反对。报纸上有很长的文章说,曾国藩是汉奸刽子手,还要出他的家书,"如此家书有何益",文章的标题就是这样七个字。有人写材料寄到北京,说钟叔河钟爱汉奸,出了曾国藩又出周作人。但我坚持认为:这两个人是绕不开的,要了解晚清的政治和文化,你就绕不开曾国藩;要了解"五四新文化"和新文学,就绕不开周作人,他们是客观的存在。如何评价他们,是研究者的事;我不是研究者,我只是一个出版者,只提供资料。如果要我办出版社,我就要出这样的书;不要我办,我立马就走。

为什么要编《走向世界丛书》

○（钟叔河，真坎坷，被打成"右派"之后，又进了监狱。他一出监狱就进入出版行业，出版了曾国藩的书和周作人的书，尤其是《走向世界丛书》，在中国知识界的影响可谓非常巨大，甚至钱锺书先生也主动关心他的工作。出版这些在当时属于非常敏感的领域和人物的作品，钟叔河曾感受到了很大的压力，却也真正成就了他在中国出版界的声誉和地位）您刚才说在六十年代拖板车还不算苦，那么一九七〇年把你打成"反革命"关到监狱里去怎么样？为什么会被抓进去的？

● 有人检举揭发我这个右派分子家里常常高朋满座，说我当众大讲不该提倡"天下大乱，越乱越好"，不该把《史记》、《红楼梦》的线装本烧掉，"烧了以后难得印"。这类的话我也确实讲过一些。我跟你讲，有一些中国国民尤其是中国读书人的品质是很差的，以后如果再来一次"运动"，你就会发现，你肯定会发现，干这种检举揭发勾当的人永远不会缺乏。

○ 一九七九年，您一出监狱就到了岳麓书社吗？

● 我平反以后，本应该回报社的，但我不愿意回去。到出版社来，是比我先"改正"的朱正推荐的。朱正早就出过自己的著作，名气比我大。我本就想编书，不愿意编报，编报纸副刊也觉得没有多少意思。

○ 很多人知道您,基本都是从《走向世界丛书》开始的。您什么时候产生要编这套书的念头?

● 这个想法我早就有,早就觉得这些书应该流传。当然,在坐牢的时候,不会想到我自己来编书,但我一直在想一个问题,就是中国怎样才能"变",变成一个现代国家。中国从清朝起,面临的大问题就是怎样实现现代化。为什么要现代化呢? 因为中国还是一个现代化前的国家,是一个封闭的国家,它不跟外部世界正常地、自由地交流接触,它脱离了全球文明进步的正轨。地球上所有国家和地区,在中世纪前都是这种情况,那时候各个国家和地区都是互相隔绝的。在航海大发现和产业革命以前,欧洲也是封闭的。世界被分割成不同的地区,西北欧是日耳曼蛮族,古罗马是希腊的范围,阿拉伯又是另外一个世界,东亚属于汉文化圈,美洲则是印第安人,各种文明都是不相往来的。后来经过文艺复兴,经过航海大发现和产业革命,西方就开始走向世界了。"天朝帝国"却以为自己"独居天下之中,四裔皆夷狄",自己的"精神文明"最优越……

○ 策划了曾国藩的书以后,又来出《走向世界丛书》,您有没有感受到新的压力?

● 在中国做任何事情都会有压力,如果要坚持自己的理念。

《走向世界丛书》,为什么要取这样一个书名呢?因为我不想它看起来像古籍。不是说岳麓书社只是一家"专业分工的古籍出版社"吗?我就是要打破这个框框。它们本来就不是古籍,写的是火轮船、德律风(电话)、巴力门(国会)之类现代事物嘛。我本是世界上的一个人,牢狱也是世界的一部分,不可能完全和社会隔绝,思想更是牢门关不住的。在坐牢的时候,我就长时间思考过中国该往何处去,中国为什么会走到现在这一步,以至于把我这样的从不犯法更不造反的读书人都关到牢里了。我们不过看了几本书,关心些历史和世界上的事,有一点对文化对社会的想法,怎么就成"反革命"了。这是只有在做几句诗就会被砍头的文字狱时代才会发生的事情嘛,哪怕是实行了清宣统三年的"钦定宪法大纲",实行了沈家本等人主持修订的《大清刑律》,这样的事情也就绝不可能发生了。由此可见,中国的根本问题是:如何与世界同步,如何走向现代世界,如何把中国变成全球文明的一部分,如何实现现代化。

清朝也好,慈禧太后也好,都是抗拒现代化的,他们认为统治者的麻烦是现代化带来的。中国传统社会本是个超稳定的系统,它内在要求变革的动力是很弱的,中国文化本质上也是内向的、自满的,我自己的什么都是很好的,我不需要外面什么东西,只能"用夏变夷",用伟大的华夏文明去改变那些外面的野蛮和落后,而绝不能"用夷变夏"。我们的东西都尽善尽美,这是中国文化的根本心态。

　　当然,中国的文化确实有它的优越性,我并不蔑视传统文化。中国人作为一个古老的民族,他的文化有强大的生命力和凝聚力,但凝聚力也就是保守力,保守得住。正因为如此,中国要走向世界非常艰难。

　　中国对西方的了解,比起西方对中国的了解,起步要晚一千年。中国人真正走出去看世界,是鸦片战争后几十年的事。西方中古有四大东方游记,像利玛窦他们还带来了大量的书,也带来了西方的文化,当然那时候他们不叫文化叫宗教。中国走向世界的艰难,从《走向世界丛书》中可以看得清清楚楚。像郭嵩焘那样的人是凤毛麟角,像刘锡鸿那样的人是骂外国人的,有些人承认外国有些技巧上的东西,但"礼教"即文化上是不行的。这些看起来很可笑,但这些记录在文化思想史上的价值正在于此。

　　〇《走向世界丛书》为什么想到要以集中若干卷册的形式来出版?

　　● 之所以要集中地出版,是因为如果分散地、一本一本地出,不容易给读者留下深的印象。原书都是用的文言文,不一定什么人都能看懂,所以我还在每种书前面写了很长的导言(叙论),介绍这个人的基本情况,还有他到外国去的背景,以及他记载的最有意义的事物。透过这些记载,看出他的心态和他的见识。后来我自己出了两本书,一本是

《走向世界》,我加了个副标题——"近代知识分子考察西方的历史",另外一本是《从东方到西方》。前一本是在丛书研究的基础上写成的,后者就是丛书的几十篇叙论(导言)的合集。

○ 您编辑的书的出版,对社会影响很大,您是不是有一种成就感?

● 只感觉做得比较辛苦。但因为做的是自己心里想做的事情,也不觉得特别苦。只说写叙论,长的一篇三四万字,最短的也有一万多字,各篇之间少有连续性,几天一篇,这就不容易了。每种书先要找人抄出来,抄稿要校过才能发稿,排字后又要校改两到三次,然后旁批作注释。一个月一种书,开头一种就是一本,平均十多万字,从发稿到付印,全过程都是一个人做。那时候我确实忙得连电视都没看过,仍然搞得津津有味。开头我是在编辑室主任下的一个编辑小组组长下的一名编辑,只能单打鼓独划船。书前的叙论(导言)也是我坚持要写的,因为不写叙论书就没人看,所以只能打起精神来写。为了能够顺利通过"三审制",前若干篇叙论都不用我自己的名字,用的是"谷及世",就是"古籍室"的谐音,还用过"何守中"(钟叔河倒转)、"金又可"(钟叔河之半)。直到丛书"成功"以后,才找杨坚等人帮忙校点过几种书,但自己还是要做大部分的事,要选书,要写叙论,别人校点的书也还要看的。

○ 后来还请钱锺书先生写了序……

● 《走向世界丛书》并没有钱先生的序,只是我自己的书《走向世界》有他的序,这序文也是他主动为我写的。

丛书出版之后,得到了好评,《读书》杂志发表过几篇评《走向世界丛书》的文章,钱先生告诉《读书》的董秀玉他们,说《走向世界丛书》的编者如果到北京来,他愿意见上一面。我因为开会去北京的时候,董秀玉就带我去见了钱先生,是他当着董秀玉的面说愿意为我的书作序。后来钱先生还和我通过不少信,他的信现在还在。

当时《走向世界丛书》已经出了好几种。我请钱先生给我提点意见,他给我指出了好几处错误,大都是关于译名今释的。然后他就说,你写的导言应该单独出一本书,自告奋勇给这本书写个序,对此我当然很高兴。据杨绛先生说,这是钱先生唯一的一次主动为别人写序。

湖南人的性格特质

○(对于湖南,向来有"惟楚有才"的说法。的确,在这块土地上,近现代出现了不少"敢为天下先"的人物,他们有着风格辛辣、敢作敢为的特质。二十世纪八十年代的中国出版版图中,湖南是一方不可忽视的重镇,出版了一系列具有全国影响的重要书籍,钟叔河正是其中一个相当突出的代表。最后我向他提出的问题是)您在出版社,除了《走向世界丛书》,周作人的书也出了,曾国藩也出了,当时都是要很大勇气的,这种勇气很多人称之为"湖湘气",您身上是不是很能体现出这种湖南人的气质?

● 勇气我并不缺乏,我并不太怕惹祸。一个人如果不能完全按照自己的想法做成一两件事,生活那就太没有价值了。一个人不能做一个只看别人脸色行事的人,这样太窝囊,没意思。人的一生时间实在有限,像我,快五十岁才开始做事,只做了不到十年,能做的很有限。最近编周作人文集,他一生写了四千篇文章(专著、译著除外),有时一天写两三篇,比起他来,我们连小巫见大巫都谈不上,不止是没读过他那么多书,有的书连书名都没有听说过。中国的、日本的、西洋的古典,古希腊的书,他都读过。日本的古文全是汉字,汉字字旁边加符号(后来才用假名),现在的日本人都看不懂,他却懂。跟他比起来,差距实在太大了。

至于你所讲的"湖湘气",这个我却不想认同。各个地方当然有各个地方的人文、风俗,也许可以说有他独特一点的习惯和风气。但作为公共知识分子,恐怕主要应该看他的公共性。"湖湘"这个南宋理学学派创用的名词,我并不喜欢。过去大反地方主义,如今一变而来大炒"地方文化",都过了头,都不好。

○ 九十年代后您还一直在编书吗?

● 编书不多了。自己写一点读旧书的笔记,在几个报纸上开开专栏。我现在比较喜欢看笔记,因为笔记好看,随时可以开始,又随时可以丢开。一册笔记里可能只有几则有点意思,可以借题发挥。周作人的文章,从文体上看,有很多都可以称之为笔记文,齐如山的文章也差不多。笔记不限于古人用文言文写的。笔记文这种文体,或者也可称之为随笔,《容斋随笔》和《两般秋雨庵随笔》这些古人的笔记,也本就自称随笔的嘛。

○ 您真正做出版只有十年时间,回过头来看,遗憾多还是收获多?

● 当然,我是做了一些事。上班那十年中,不算我当总编辑策划出的书,自己署名编的书也不少;"退"下来以后,又编了《周作人散文全集》、《曾国藩往来家书》等书,做就做了这些事。但是做得并不理想,遗憾是很多的。《走向世界丛书》至今尚未出齐。周作人的书,在湖南出版最早,却被腰斩了。"反自由化"时湖南出版反"三种人"——周作人、《查泰莱夫人的情人》、《丑陋的中国人》,"三种人"中两种和我有关。

周作人的书是二十年后河北教育出版社出齐的,功劳得归他们。《走向世界丛书》计划出一百种,只出了三十六种,仅完成三分之一。我编给广西师大出版社出的《周作人散文全集》,也是为了完周作人这个"愿",补偿在岳麓书社的遗憾。

○ 您认为一个好的出版家应该是什么样子?

● 不能称出版家,算个出版人吧。我以为,一个好的出版人,首先自己要爱书,不能只是为了完成任务,或者为了赚钱。要看到书的本质是文化的载体,出的书要有益于文化的传播,有利于社会的进步。而要做到这一点,有时便不得不承担一定的风险,在缺少出版自由的时候。但为了文明进步,为了走向世界,冒一点险是值得的。

出版是一种事业,也是一种产业,产业自然不能不赚钱。但就是当出版业老板,也不可能每本书都赚钱。实际上,真正有文化价值的书是不会赔本的,企业创了牌子,赢得了声誉,岂不比花钱打广告还好?有生活实用价值的书,也应该充实人文精神,使人们的实际生活富有理想。"畅销书",读者大众消闲消遣的书也要出,余秋雨、于丹那样媚俗的书也要出,不要排斥它们,要满足各层次人的需要。但如果只出这类书,决不能成为一个好出版人。

○ 作为一个出版家,您有没有感觉到这个职业对业者有特别的要求?

● 要求不会比别的职业更高。我不想特别强调出版人有什么特别的使命或者价值,那样的强调没有意义。

我这样的编辑恐怕是个特例,《走向世界丛书》是我自己选题,自己找书,自己编辑,自己加工,自己写前言后记,自己设计付印。一句话,这是借前人的书来讲我自己的话,是我自己的编辑作品。你不能都找这样的编辑啊。

我从来不习惯跟在领导屁股后面察言观色,先意承志。领导想要出什么书我就出什么书,那我办不到。我在本质上抗拒这样做,因为我虽然只是一个平凡的读书人,但我总还是一个读书人,总还有点读书人的"格"。所以"直接领导"总觉得我扎手,不顺眼。胡乔木、李一氓那样的领导倒是给了我支持,支持我出"曾国藩大全集",出周作人,有他们写给我的信在。不管怎样,他们总读过很多的书,他们也是读书人。

---

* 原载 2006 年 2 月 15 日《南方都市报》

* 原题"钟叔河:我只是个搞出版的读书人"

* 记者聂蔚

17　送别张中行先生

——2006.3 与《瞭望东方周刊》

○ 张中行老先生逝世,先生与他相交甚厚,心里一定有话想对大家说说。

● 张先生以散文作家出名,其实他首先是一位学人,是一个思想者。他学的是中国文学,是周作人的学生,看得出周作人的文学观对他的研究和写作有很大影响。他长期在人民教育出版社工作,编教材,写普及性的书,这同样看得出他的学养。

在普及古典诗词的书里,他写的《诗词读写丛话》,我认为是最好的,比王力的《诗词格律》好。王力的书很成功,但讲的是诗的格律,而《诗词读写丛话》的内容更充实,不仅谈到了格律,对诗的欣赏与写作也给出了很切实的指导。他对古典诗词很有理解,他读得多,而且上心,文字也写得更好些。

当然这本书也是在"人教"出版的,但张先生不仅仅是一个出版人。现在,一般的人随随便便就称"大家名家",但我真心地认为,张先生是可称"大家"的。

张先生对生活和人生的态度,都显出了他作为一个学人的本色。他博览群书,而且很有理解。他的一生就是读书的一生。

我觉得他首先是一位思想者。因为他一生清醒,不糊涂,不盲从;或者用他自己的话来说,就是"不信",凡事都存疑,不容易受骗。

一九九一年,我笺释的《儿童杂事诗》出版后,张先生很喜欢,写文章夸这本书。不久后,我去北京,张先生打电话说要来看我,我连忙对他说:"这怎么可以呢?即使不序齿,也只能行客拜坐客嘛,何况未曾谋面您就写了鼓励我的文章。"最后我说:"您年纪大了,走动不方便,还是我去看您吧。"于是我去人教社看了他,他请我在旁边一个小馆子里吃了饭。

那次饭后,张先生又有一篇题为《书呆子一路》的文章在《读书》上发表,写到我和他这回的见面交谈,过誉使我更加惶恐。文章随后收入《负暄三话》,题目也正式改为《钟叔河》,想不到他写的这一回两人初次的见面,竟成了最后的一面。他讲了我很多好话,我却连书都没有送他几本。我的书,张先生绝大部分都是自己掏钱买的。

我还说一件小事,民国时期《北京晨报》的副刊登过很多周作人的文章,后来这个报纸改成了《新晨报》,很难找。

我要去北图查这个报纸上的文章,当时任继愈当馆长,他是张先生的同学,张先生就请任继愈派人帮我找,并且将找得的资料复印件寄给我了。

他的书出版之后,总会题赠给我。他说:你要什么书,我就送什么书给你。我知道张先生是搭公共汽车出行的,他去寄书是很累的事情。张先生去世,我心里非常难过。这样古道热肠的人,走掉了就没有了。

张先生一直很看重我,对我过分的奖掖,我无法向他表示感激。现在郑重通过贵刊,表达我对张先生深深的怀念和敬意。我年纪大了,写文章太动感情。老成凋谢,晨星寥落,这些老辈人不可能再有了,使我非常感伤。

张先生的一生是读书的一生,他的修养和境界都是因读书而有。他写的《顺生论》,受到很深的佛学影响,也是读书和思考的成就。

---

* 原载 2006 年 3 月 9 日《瞭望东方周刊》(同时发言者还有商友敬、陈平原等人,只录本人部分)

* 记者贾葭

18　自由的心境最重要

——2007.5 与《研究生在线》

○您读书是怎么读的呢？您主张我们年轻人怎么读书呢？

●我们那时候，也就是一九四九年以前，在学校里头，真正认真读书的人也只是少数。我那时也不很认真读书，后来离开学校，参加了工作，挨了整，才发奋读书。

读书我喜读古人的野史笔记，读文化史、思想史方面的资料，当然正史也要读，坐牢九年，读了不少史书，都是"文革"前中华书局的标点本。我们这一代人，上世纪五十年代进大学或参加工作的人，学的全是猴子变人、阶级斗争那一套，没有什么有价值的东西，养成了听领导的话、做驯服工具的习惯，可以说是最没有用的一代人。我这样的人算是异类，不太听话，自己读了一点书，但也没有读好多，五十步与百步，差别不大，也没有很多用。你们要学习读书的方法，还是要向更早的前人学。

我主张你们读好书，读经典。读书时不能满足于看今人的解释,要有希腊人的怀疑精神,要有追根溯源的勇气和毅力。

○（钟老前辈始终很坦诚地微笑着,中间似乎偶尔流露出"无可奈何花落去"之意,事实上仍是很自谦地自豪着。先生说话没有什么架子,这样更显他的亲切自然。于是,我的胆子也越来越大起来）您早年的《关于民主、自由……的四十八条》到底是怎么回事?

● 哈哈哈……(先生大笑过后,有些哭笑不得地说)这是一九五七年"反右办"编印的《继续揭发批判钟叔河的反党反社会主义罪行》小册子的一部分,是他们搜集（群众检举揭发）的我的"右派言论",分为"关于民主"、"关于自由"等六个部分,我本人承认（不能不承认）的一共四十八条。"反右办"负责人孟某说我"错就错在要思想",这话是他说的。四十八条并不是"大鸣大放"时一次放出来的,而是平日的闲读或发言,言者无心,听者有意,反右时检举揭发,就成为"好材料"了。鸣放那几个月我一心盼望党外能办报,一心想恢复《民主报》,并没有讲很多别的话。但这四十八条,确实是我平日讲过的话,是我当时的观点,所以那时我坦然承认了,现在仍然承认。

○ 您认为现在自由吗?

● 比起"反右"和"文化大革命"时候来,现在是自由得多了。听说前不久出来了一个新说法,"老人新办法,新人老办法"。老人新办法,就是给些资深老同志留点自由发表意见的空间;新人老办法,指对我们这样的普通人,一旦发现问题,该怎么处理就怎么处理。像我这样讲讲野史笔记,讲讲周作人、曾国藩,或者一般地讲讲民主自由什么的,大概还不至于被认为有问题,要来处理吧。这已经是叨天之福,比一九五七年和一九七〇年宽松得多,自由得多了。

讲到自由,其实最重要的是心境的自由。像庄子那样,心灵自由自在,所以他能写《逍遥游》,写出《庖丁解牛》那样的文字来,拥有自由的心境是最重要的。

○ 您说的是不是指保持知识分子的独立人格?

● 是的。知识分子(Intellectual)的本义,是智者,是思想者,而不只是学校毕业、拿了文凭的人,不只是认识多少字、读过多少书的人。古代中国的士大夫,是依附于统治者,靠统治者吃饭的读书人。现代的知识分子,则应该是凭自己的本事即知识吃饭的,是心境自由的。你们要做现代意义上的知识分子,既要融入社会,又要保持独立人格,这才是你们应该做的。(说到这里,钟先生配上了手势语,双手张开在空中画了一圈,又回到胸前。)

○ 您对易中天、于丹现象怎么看?您对当下十博士抵制于丹又怎么看?

● 易、于讲的我听得少,不过也听过一点点,觉得有些地方讲得还不错。在荧屏上出现,至少比"超女"、"快男"好些吧。能够带动一批人去读点书,这样未尝不可。有些人对待他们比较苛刻,我看没有必要,可以宽容一点嘛。于丹他们本人也要听听不同的声音,和而不同嘛。如果听不得批评意见,自己讲错了,还硬要为自己开脱,那就不好了。像余秋雨,其实他的散文也有人喜欢(可惜"石一歌"迎合附会的毛病还是太明显),可是有人提出批评的时候,他不接受,硬要说"致仕"是"通往仕途";刘心武也硬要将"江湖夜雨十年灯"说成是自己梦中所得的佳句,那就越描越黑了。错了就承认嘛,这是大家可以理解的。人都有疏忽的地方,我也曾经把"滚滚长江东逝水"这首《临江仙》错说成《西江月》。中国文人对于同类向来很苛刻,对古时的同类也苛刻,没有设身处地地为别人想想。至于李敖,说什么白话文中没有人超过他,那就不是苛刻,而是狂妄了。评文章没有统一的标准,只能从人所好,不像赛跑用时间计算,跳远用长度计算。

○ 两小时的交流,不能说深入了解钟先生,但凭直觉而言,钟先生人很好,直率、真诚、热心,处处体现出追求民主、自由的思想,并且老而弥坚,根本不是梁漱溟所说的,一个人年老了,思想就会变成保守。"观于沧海者难为水",事实如此,我还能说什么呢?

---

* 原载 2007 年 5 月 30 日《研究生在线》

* 记者邓高红

19　丛书背后和里面
——2008.1 与《三湘都市报》

今年七十七岁的钟叔河先生十八岁进报社当记者,二十七岁因为"要思想"被打成右派,在长沙街上拖板车;四十岁又因"污蔑攻击无产阶级文化大革命",被判刑十年,坐了九年牢;平反出狱后到了湖南人民出版社,立即开始编辑出版《走向世界丛书》,这些一八四〇至一九一九年期间走出国门的中国知识分子考察西方(包括日本)的著作,立即引起轰动,他也因此获得了中国出版最高奖——"韬奋奖"。日前,记者对他进行了采访。

[丛书背后]

〇二〇〇七年岁末,当众多网友为一本原定价几毛钱的小书竞相抬价至几百元不肯罢休时,终于传来了好消息,岳麓书社即将重印《走向世界丛书》。一套二十多年前出版的书为何引起这么多人的兴趣？它的背后到底藏着多少鲜为人知的故事？请先生谈谈好吗？

坐了九年牢出来就想编这套书

● 我从小爱看书，老家线装书多，什么书都看。被打成右派后没人理，白天拖板车，晚上正好看书。坐牢呢？又有了更多的时间来看书想问题。

书看得多一点，慢慢就形成了自己的思想，认为中国应该和世界同步。中国的古老文明几千年一直在延续，说明它保守性强，很难融入全球文明。原有的优越感，后来发展到两个极端：不自信，或者又像阿Q那样盲目的自信。中国要弄好，就不能和外界隔绝，不能不走向世界。

最长的导言四万字，起初只署笔名

● 原来出版社编书都是有计划的，"计划"规定你编什么书，你就只能编什么书。我不愿这样干，我只编自己想编的书，建议《走向世界丛书》要出一百种，每年出二十种，二十种一次推出，集中出才有力量。但分管我的"领导"说，一年最多让我出四种，这是一位自认为懂行的"领导"，跟他怎么争也不行。幸亏新换了个更不懂行因此也更好说服的"领导"，总算争取到一个月出一本的"计划"，于是开头一年半时间内在湖南人民出版社出了二十本。

每一本书我都写了一篇叙论（导言），最短的一万字，最长的四万字。原来出版社不许编辑自己署名"搭车"发表文章。但我说,这是学术文献,文本是文言文,一般人看不太懂,所以不能不写导言(叙论),不能不向广大读者介绍作者的背景,介绍他是在什么情况下出国的。为了顺利出书,开头的导言我署的都是笔名:谷及世("古籍室"的意思)、何守中("钟叔河"倒转)……。

钱锺书主动为《走向世界》作序

这些书的原书从哪里来？康有为、梁启超、黄遵宪等人的书我原来看过,将木刻原版找来便是。张德彝的好几种《述奇》,祁兆熙、林鍼等人的手稿、家刻本,罗森等人原来发表在海外报刊上的文字,就只能大海捞针,凭信息和经验到图书馆、旧书店、藏书家和热心人那里去找。孙用,有名的鲁迅研究专家,朱正带我去看他,他就给了我十来种书。钱锺书给我开了一些书目,给过一两种书。我总共看过近二百种这类书,从中挑选出来一百种。

跟钱锺书认识,是在丛书前几种出版以后。后来我们通过不少信。是他建议把导言结集出版,就是那本《从东方到西方——〈走向世界丛书〉叙论集》。一九八四年,他又为我另一本书《走向世界——中国人考察西方的历史》写了序。二〇〇三年,杨绛先生写信告诉我:"锺书生平主动愿为作序者,唯先生一人耳。"

中国还没有真正走向世界

这套书再版重印有深刻的现实意义。它们记录了长期封闭的中国最后一代士大夫和最早一代知识分子走出国门的心路历程。我认为,中国还没有真正走向世界,这个过程还远远没有完成,还得继续走,艰难地、曲折地走下去,你和我。

《走向世界丛书》里面有一本是钱单士厘的游记,她是钱三强的祖母,是包过小脚的女人。这样一位中老年女性把两个媳妇带出国去进外国学堂,时在清朝光绪二十七年辛丑前后,至今已一百一十余年。可以想象,当时她要克服多大的困难,不是物质上的,而是精神上的。而她的文字和见解,尤其是对希腊罗马神话的热情和知识,即在今之女博士、女教授中,亦属难得。这难道不足以说明,即使像你这样高学历、有能力的女记者,在"走向世界"这方面,跟一百一十年前的老祖母比起来,也还有一些差距,需要急起直追吗。

[丛书里面]

○丛书篇幅巨大,内容丰富,普通读者不容易一下子就能够探骊得珠。我们还想请先生介绍一两个您认为最值得向读者介绍的"走向世界"的人物,和他们的书最有价值、最有意义的精华之点。他们是谁？告诉了我们什么？

最有思想深度的是郭嵩焘

● 丛书三十六种的作者，水平最高的是郭嵩焘，湖南湘阴人，中国（清朝）第一任驻英公使。他本是一位传统的士大夫，但头脑与时俱进，目光非常敏锐，《伦敦与巴黎日记》是三十六种书里最有思想深度的一本。他的思想远远超过了同时代人。他第一个公开承认当时中国的"政教"不如欧洲。举个例子，很多人批评外国人跳舞男女搂抱不文明，他就敢说，据他观察，外国人跳舞是文明社交，男女互相彬彬有礼，比中国士大夫公开纳妾蓄妓文明得多。

反对派从来是不受欢迎的

● 郭嵩焘在当时被骂为"汉奸"，被守旧的士大夫切齿痛恨。其所以如此，主要是因为郭氏和他们在以下三方面的深刻分歧。

一、清朝统治阶级的主流认识，是希望中国保持与外界完全隔绝的状态。郭嵩焘却说，西洋技术发达，"七万里一瞬而至"，要隔绝也无从谈起，"而其强兵富国之术、尚学求艺之方，与其所以通民情立国本者，实多可以取法"，反对他们的主张。

二、清朝统治阶级中一部分人，认为用一点"羁縻之术"，买一点洋枪洋炮，学一点洋人技艺，便可以使旧中国保持下去。郭嵩焘却说,这是"治末而亡其本,穷委而昧其源",盖"西洋立国,有本有末,其本在朝廷政教,其末在商贾",造船制器之类的事情仅仅是"末中之一节",而所有这一切,"非民主之国,则势有所不行",反对他们的做法。

三、清朝统治阶级的精神支柱,是所谓"天朝上国"的"政教"(政治制度、文化教育、意识形态)优于"夷狄"的神话。郭嵩焘却认为:已经不是中国政教优于西洋,而是西洋政教优于中国;英国"巴力门(parliament,国会)议政院有维持国是之议,设买而阿(mayor,民选市长)治民有顺从民愿之情",而"中国秦汉以来两千余年适得其反",故西洋"其视中国,亦犹三代盛时之视夷狄也",彻底揭穿了这种自欺欺人的神话。

反对派从来是不受欢迎的。郭嵩焘本身虽然是清朝统治阶级中的一员,但他一生都在统治阶级内部充当反对派的角色。他既反对守旧派,又在很多做法上反对"洋务派",甚至还反对了统治阶级的某些根本观念。因此,他引起士大夫的"公愤",受到当权派的打击,也就无怪其然了。

詹天佑是第一批留美幼童之一

● 中国在一八七二年之后,曾官费派出了一百二十名小留学生到美国的新英格兰学习,叫留美幼童,这是中国第一次官费派遣留学生。为什么派出去呢?因为鸦片战争后,统治阶级要和外国人打交道,需要翻译,又想造洋船洋炮,需要工师。留美幼童的史料非常缺乏，《走向世界丛书》找到了护送幼童去留美的祁兆熙写的《游美洲日记》，这是很有价值的一本书。容闳《西学东渐记》当然更有名，但它早就公开出版过，写的也不止是留学幼童这一件事。

这批幼童小的十岁，最大的只有十四岁，大都是上海、广东、澳门等地买办的子弟，当时有身份的"世家"并不愿意送子女出国。这第一批中就有詹天佑，他当时十二岁。到美国后，学生被分到美国家庭中，方便他们学习英语，融入美国社会。每三个月一次还要到"出洋局"学中文。幼童都是长袍马褂去的，还留了长辫子，美国人以为都是女孩子，叫他们"中国女孩"。但一年半载后，一个个就都把辫子剪掉了。这些幼童中，后来出了很多人物，除了詹天佑，还有北洋大学校长蔡绍基、第一位获准在美开业的华裔律师张广仁、外务部尚书梁敦彦、民初国务总理唐绍仪等，祁兆熙的书写到了他们。

第一位国外游记女作者是钱玄同的嫂子

● 二十世纪即一九〇〇年以前，能够出国的中国女人少，能够出国还能写国外游记的女人更少，刚才我谈到的钱单士厘是第一个。她是浙江海宁硖石人，姓单，嫁吴兴钱家后称钱单士厘。丈夫钱恂是钱玄同同父异母的哥哥，比钱玄同大三十多岁，为清末外交官，周作人称之为"老新党"。单家世代书香，士厘饱读诗书，二十九岁才结婚，要算当时少见的晚婚了。一八九九年,单士厘跟丈夫到日本,比秋瑾早五年,比何香凝也要早。她四十岁时,带了两个媳妇去,把她们都送到日本的学堂读书,自称留日女学生"以吾家为第一人"。

一九〇三年,钱单士厘又经西伯利亚到圣彼得堡,后来又到了罗马。她是第一个介绍希腊神话的中国人(她的儿子钱稻孙在这方面给了她帮助)。她的游记中关于托尔斯泰的介绍,在中国恐怕也是最早的。单士厘回国后,还编了一部《清闺秀艺文略》,收入清朝女诗人的诗,七十多岁的她竟然亲手抄了好几部,送给国内外的图书馆。她的儿子稻孙、小叔玄同年岁相若,经常同她谈艺论文,钱玄同对自己这位大嫂也非常敬重。

* 原载 2008 年 1 月 13 日《三湘都市报》

* 记者易禹琳

20　喜读的书和读不懂的书

—— 2008.2 与《新闻周刊》

喜读的书五本

1.《我的自传》，作者（俄）克鲁泡特金。作者虽然是享有亲王头衔的贵族，却同情农奴，反对沙皇的专制暴政。这本书告诉人们，应当有追求社会公平的理想和勇气。

2.《走向世界丛书》，钟叔河（编）。丛书里面的书有的是我上世纪四十年代读过的，有的是五六十年代读过的，也有的是八十年代坐牢平反出狱后才读到的。我觉得这些书反映了中国知识分子走向世界的心路历程，在今天仍有很现实的意义。

3.《知堂回想录》，作者周作人。周氏兄弟都是真正了解中国文化和西方文化的现代知识分子。周作人不仅是散文作家，更是一位文化学者，他的文章都可以被看成社会文化评论，很深刻，又很经得读。

4.《陶庵梦忆》，作者（明）张岱。我觉得文章写得最好的人，在现代是周作人，在古代就是张岱。现在的人写文章,普遍的毛病是既空洞又粗糙,废话太多,晦涩而浅薄,和他们真不能比。

5.《坑》(又名《亚玛》),作者(俄)库普林。五本书中,这是唯一的小说。它描写的是肮脏,思考却极严肃。让人看到即使是在污秽的环境里,也有伟大的人性。

读不懂的《离骚》

《离骚》很早便读过,但至今没真正读懂。有人说屈原是爱国主义者,但那时候有国家的概念吗?不得君王宠,就以弃妇和怨女的身份和心态,那么样地寻死觅活,值得吗?自己不感到屈辱吗?所以我无法理解屈原,对他也不感兴趣。反暴秦当然没错,像韩公子张良那样去反还差不多,找不到黄石公,可以找沛公嘛!

---

* 原载 2008 年 2 月 1 日《新闻周刊》
* 记者周尔方

21　启蒙的作用

——2008.5 与《南方都市报》

○一九七九年,您从茶陵劳改队回到长沙,当时已经是几月份了?

●我是在"三月春来待采茶"的时候离开洣江茶场的。头一天二女儿去茶陵接我,我穿上劳改棉衣在监房外头照了相。当时并不用穿那么厚的衣服,我是特意穿上的。第二天坐火车回到了九年不见的长沙,朱纯、大女、三女还有朱正到火车站接的我。朱纯和朱正这时都已经"改正",见面时真是悲喜交集。我原来是在《新湖南报》被划的右派,按照规定,改正后应该回原单位。但是,我不愿意回报社,因为"机关报"没有什么空间给编辑、记者个人,报纸就是报道开会,没什么意思,我对去那里编副刊也没兴趣。原来划右派,有一个原因就是我想离开《新湖南报》,想能够去办一份不是"机关报"的报纸。但想要有一份非党的报纸是根本不可能的,湖南解放之初只有一张民盟办的报纸叫

《民主报》，朱纯就是在那里当记者的。《民主报》创刊比《新湖南报》还早，但是后来就办不下去了，有些人调来《新湖南报》，有些人调到民盟机关，朱纯就是那样调来，我们才在报社相识、恋爱、结婚的。

○ 于是一心想进出版社？

● 也不是。开头我想到机械工业厅去当一名工程师。被《新湖南报》开除的时候我只有二十七岁，为了生活，我学会了机械设计制图。我念书时也学习过"用器画"（这是个日本名词），有一点基础，再学会"机械零件"、"机械原理"和"金属加工工艺学"，就可以胜任机械工程设计绘图了。机械是由很多零件凑成的，设计一部机器，要尽量多用标准零件。关于这方面我做得比较好，勉强算得上一个机械工程师。正好这时机械厅的一把手认得我，二十多年前我采访过他，他对我印象不坏。去找他，他一口答应，却一定要我去编报编刊，做"笔杆子"。我说我能绘图，能当工程师，他却笑着摇头，不肯信。我说，"我就是因为不想做文字工作，才来找你的；你还是要我做文字工作，我又何必来找你呢？"

朱正在反右前就出版过他的《鲁迅传略》，有了名气，改正后北京的人民文学出版社就来调他。省出版局刚成立，需要人才，他就到了省出版局，随后又向局长胡真推荐了我。

○ 当时您进出版社后,是什么职务?

● 我被划右派之前是一个编辑,到出版社当然还是当编辑。有趣的是还要写一篇作文参加考试,大概除了原来当过官、"负过责"的人以外,所有新纳"投名状"者都要考一考,看看你能不能当这个编辑吧。好在我从来不怕考,怕只怕背后给你这么一下。果然就有人这样来了一下:"这个人能力是有的,就是太骄傲,不听话,不好驾驭。"胡真将这话告诉了朱正,朱正说:"我并不是向你推荐一个能听话的人,是向你推荐一个能做事的人啊!"后来这些情况胡真和朱正先后都跟我说了,老实说这让我很反感。我又不是牛马,为什么要归你驾驭?各做各的事,在业务上你如果不行,我也不会管,只要你莫来瞎指挥我就是了。编辑工作只是一门业务,一种职业,应该允许从业者有点主动操作的空间,才能够做出色,做得好。而不应该搞衙门里习惯了的那一套,谁是上级就专门发号施令,谁是下级就只能奉命唯谨。

○ 进出版社是什么时候?

● 大概是一九七九年九月。我三月从牢里出来,还只是"提前释放",十年刑期只坐九年。我当然不接受这样的处理,于是"撤销原判,予以释放"。我还是不同意,我说,是你们错了,要平反,并且要补发工资,要向我承认错误,这是个错案。恢复了我的公民身份,我就不怕你了,我就据理力争。终于还是向我承认了"错判",给我赔了钱,但这个钱是赔得很不够的,因为没有地方出这个钱。抓我时是一九七〇年,《新湖南报》把我开除是一九五八年,一九七〇年我在街道工厂绘图,拿五十七元月工资,原来在报社拿八九十元。报社说我们只划他右派,这归我们改正,但右派不补工资;我们没判他的刑,把他关起来坐牢啊。抓我的时候,我每个月是拿多少钱,他们只肯按这个数目赔——我只拿到几千块钱,还不到一万块。

○ 一九七九年时,您能感觉到一些变化吗?

● 真正的变化,并不开始于一九七九年。判刑的时候,我判十年,朱正判三年,朱正就说,我这三年肯定要坐满,你这十年是肯定不会坐满的,因为……这个话当时要是传出去,肯定是要被枪毙的。结果我们同去了洣江,果然朱正刑满释放了,我还没有放。但是我在牢里面,也开始感觉到有了变化,气氛慢慢变得宽松了,斗争慢慢有些缓和了,监房里不再强调天天读语录,我已经感觉到有那么一阵风,有一种新的气息了。那种新的气息没有什么明显的标志,但在林彪事件以后就使人能够感觉得到。等到一九七六年天崩(吉林陨石)地坼(唐山地震),我就知道,一个时代终于结束了。

○ 进出版社后,怎么会想着要做《走向世界丛书》?

● 也不是进出版社才想起"走向世界"这回事情。朱正一九八二年写过一篇《述往事,思来者》,说"在劳改队,我们有时也曾就这些问题交换一些看法。现在钟叔河在(走向世界)丛书各篇导言中写出的一些警句,其中好些那时都曾经听他谈起过,例如:为什么日本人接受西学虽不比中国早,起步以后却走得快得多。……"

就是不进出版社,去了机械厅,上班画图纸,下了班以后,读书写文章,我也会做这件事情。但自己编成书就拿去印,这确实是要进了出版社才能够的。

我要编《走向世界丛书》,是为了想促使中国快一点"走向世界"。近代中国的根本问题,就是脱离了全球文明进步的正轨。中国的老底子是封闭的,排斥外来文明的。古代世界被分割成不同地区,各地区的文明都是独立发展起来的,文字都不同,语言也不同。不同的文明有接触,有竞争,有的文明保守不住,就消失了。现在埃及的文字,就已经不是金字塔上的文字了。而我们的汉字,则三四千年没有太大变化。

中国文化几千年流传不坠,因为我们的保守能力非常强。保守性是一把双刃剑,我们的文化有很强的凝聚力,几千年以来,没有被消灭,没有被同化,这当然值得自豪。但历史悠久、文明古老也可以造成盲目的自信,"老子天下第一",本能地认为中国人优于外国人。到清朝道光以后不行了,有些人又一变而崇洋媚外;就算是崇洋媚外,骨子里还是个阿Q:"你们算什么了,我们原来比你阔得多!"

文明是全人类共同的财富,我们要学习别人的长处。日本先全盘唐化(汉化),原来连文字都没有,只能用汉字,进一步才借用汉字偏旁造成自己的文字(假名)。即使如此,日本也还是日本啊,也没有变成汉人的殖民地,而且反过来还打你。日本后来又全盘西化,也没有成为西洋的殖民地,而且还打西洋。这便是历史,历史就是这样的。

○ 是传统文化的保守、封闭和内向,直接促使您编辑《走向世界丛书》?

● 毕竟我所做的只是编辑工作,就是搜集中国人最早走到外国去留下的文字记载,把它整理刊印出来,介绍给读者。中国人 From east to west,比起欧洲人 From west to east 来,起步的早晚,了解的深浅,都天隔地远。利玛窦明朝万历年间到中国来,他是有文化的人,他能学会汉语,用文言文同徐光启、李光藻这样的上层士大夫交流。但是中国人到外国去,绝大多数都不懂外文,只能通过翻译,极少数人懂英文,水平也很低,而且是一八四〇年鸦片战争后,才开始出去。有的人"先入为主",出去以后,仍然对外国的看法抱有成见。刘锡鸿(《英轺私记》的作者)便以为,"英人无事不与中国相反,语言文字皆颠倒其先后,'父亲的花园'则曰'花园的父亲',凡书皆自末一页读起"。照他这样说,咱们现在的书,文字横行,从左往右,在看惯线装书的人眼里,也是"皆自末一页读起"的了。文字有直行的,有横行的,你不能以你的为标准,不能"只有我才是对的"嘛!

我们所有的问题,为什么"大跃进"搞出了大饥荒?为什么"文化大革命"搞出了"四人帮"?把朱正和我这样的人都关到了监狱里?这都是拒绝全球文明,拒绝接受文艺复兴、地理大发现、产业革命以后形成的普世价值的结果。孟德斯鸠、卢梭的思想是全人类的共同财富。孟子说"民为贵,社稷次之,君为轻",中国古代也有这样民主的思想。王充提出"疾虚妄,究真实",主张"无鬼论",说,你主张有鬼,就捉一个给我看看,这也是实证主义、科学精神。我决不认为中国的一切都不行。本人是中国人,黑头发黄皮肤,这是变不了的。但是也不能认为只有我们才行,我们的一定是最好的。

○ 当时做这套丛书,遇到了一些怎样的困难?

● 那还是在上世纪八十年代初啊,困难么,也只能说是旧的工作制度、工作习惯,还有就是人们的认识还不那么一致,这些因素带来的困难吧,我不将其归咎于某个人或某些人。

出版社出书,先得做"选题计划",那时候非常强调"计划"。我做《走向世界丛书》,开始是在历史编辑室内"古籍小组"里一个人做,"计划"得在小组里提出,编辑室讨论通过,然后送分管(副)社长批准,才得执行。"一年最多出四本,你不可能一个人把选题全占了。"历史编辑室一年可以出三十本书,有六七个编辑,每个人只能出四五本,这是事实。但我认为:丛书像这样零敲碎打地出,根本不会引起读者注意,如果你一年只准我出四本,那我就先暂时不出嘛,我五年以后再出,五年后二十本一起出。幸好不久后主管换了人,书一打响,发稿就容易些了。

《走向世界丛书》每本前面都有叙论,也就是导言,都是我自己写的,一万多两万字一篇。并没有人反对我写文章,只是说,我们从来不主张编辑在出书时"搭车"发表自己的文章。我认为,文言文写的这些书,如今连文科大学生恐怕也看不懂,如果不写一篇叙论,介绍书里讲的是怎么回事,读者面会大大缩小,这个叙论必须写。写叙论既然不能用自己的名字,我就给自己取了些新名字,何守中倒过来念就是钟叔河,谷及世就是古籍室。书面世后,叙论受到欢迎,钱锺书、李一氓都说好,《历史研究》还刊登了最长的(论郭嵩焘)那一篇,"钟叔河"三个字也就可以上书了。

那时候,编辑发稿须过"三审"。对于我来说,就是得送交小组长、编辑室主任、分管(副)社长三次审读。审读并不可怕,我发的书稿,自信错误不会太多。头痛的是太耽搁时间,我希望每个月出一本新书,一位领导审三天,三分之一的时间就没有了。到后来我同意调到岳麓书社去当总编辑,原因之一便是可以摆脱这个"三审"。这看似笑谈,却是事实。

○ 我了解到,您刚进出版社时,身份还是临时工?

● 对。"改正"是《湖南日报》帮我"改正"的。"改正"了,报社就要安排我的工作,还说是什么"重要的工作"。我觉得很奇怪,说:既然你们觉得我对工作那么重要,原来怎么要把我开除出去?我又是最后一批"改正"的,你觉得我重要,为什么不早一点给我"改正"?我坚决要求调出报社,他们就坚决不把我的档案关系转到出版社来。出版社不能给我开工资,就只能做临时工了,做了差不多一年。

○ 您进出版社半年,就开始出版《走向世界丛书》,为什么那么快,当时有一种紧迫感?

● 进出版社,就是为了做《走向世界丛书》,当然得抓紧。四十九、五十岁的人了,不抓紧不行啊!

○ 当时编《走向世界丛书》,就是您一个人做?

● 我就是一个普通编辑,在我上面,编辑室有主任、副主任,还有一位小组长,他们不可能帮我做事,当然只能一个人做啦。三年之后,才给我分来一个大学生,叫杨向群,帮我做了一些事;还有同一小组的杨坚同志,业余也帮我点校过几种书。其实没人帮忙并没什么,怕只怕帮倒忙,这方面闹出过笑话。我在正文旁边加提要,小框框里头最多排八个字。有位审稿者都将原来几个字的提要,改成了十多二十个字,框框里头排不下去了。这几十年,我们的问题之一,就是把一些不能做事的人放到某些位置上,让他掌握一定的权力,不停地给做事的人制造麻烦。

○ 您之前没有编书的经历,一接触出版,就做这样的丛书,会不会有人怀疑您的能力?

● 我的确没有编过书,但这种案头工作是不难学会的。有个原来的女同事在出版社,她编过书,发过书稿。关于图书开本的选择,版式的安排,题目和正文字体字号的确定,以及校样修改的程序和各种校对符号的用法……我发第一本书稿(《环游地球新录》)时,请她坐在身旁指导我一个多小时,也就学会了。难就难在找到人所未见的书,还有就是将找到的书加工成可以付印的书稿,那时没有复印机,线装书、文言文,再加上早期极不规范的译文,抄写很难,而且会错,我就要校改错字,还要加上标点,才能发稿。工厂的校样,来回至少得校对两三次。当然最费心费力的还是找书,长沙是无书可找的,必须去上海、北京。好在书一出来就引起了注意,李一氓给我打了招呼,到图书馆去没有什么限制,终于找到了不少难得的原刻本、稿本和抄本。

○ 一九八○年您到北京去见过李锐,和他聊起过《走向世界丛书》没有?

● 谈过一点,没有多谈。他不是史学专家,虽然对近代史也熟悉,但我并没有和他多谈这个事情。我当时只想找他设法将我的女儿从内蒙古弄回湖南,他办到了。

○ 做《走向世界丛书》,最难做的是什么?

● 最难的是写叙论。写叙论,需要把为什么要出版这些书的历史意义和现实意义阐释出来。古代中国不是一个"走向世界"的国家,我们这种内向的文化,并不是到现代才有的,是固有的。本土文化本身就有这一面。当然她本身也有很多好的东西,我们的文化史并不是漆黑一团。我们有丰富的古典文学遗产,有丰富的珍贵的人文思想,老子、庄子、孔子、孟子,他们有好的教育思想,好的政治哲学,好的伦理哲学,这些都是很好的。

但我们也有秦始皇焚书坑儒,有汉武帝罢黜百家,"大辟(杀头)四百九条,千八百八十二事",有明朝的东厂、锦衣卫,有清朝的文字狱。到了"文革"期间,"四人帮"实行的文化专制主义,把传统文化里最不好的一面发扬到极限,把好的、珍贵的东西则贬低到极限,把美好的东西都糟践了。正是在那样的情况下,我才更痛切地感到中国非改革开放不可,不走向世界不行。

○ 当时的叙论,为什么没有找别人写?

● 这并不是出版社的"计划",而是我自己要做的书,我自己的编辑作品啊,自己不写,又有谁写呢?最近岳麓书社又说要出丛书续编,他们说,最大的困难还是找不到人写叙论,还是要我来写。事实就是如此,何况我并不很喜欢和别人"合作",我自己的事,不喜欢别人插手;如马二先生对蘧公孙说的那样,我从不想沾别人的光,占别人的便宜,也不想傍大款。

我做编辑,也只编我想要编的书。编曾国藩、周作人的书,开头很多人都是反对的。书是别人的书,我怎么编,怎么加工,最后出来,就是我的编辑作品,我通过它来宣传我要宣传的思想,推动我要做的事业。

我在想:中国这个国家怎么办,不是暴风骤雨、群众运动可以改变的,只能慢慢来,在人们中间慢慢地启蒙,改变人的思想。这个好像很慢,实际上很快。写一本书印一万册,可能会有五千个读者,有些人买书并不读的。五千个读者中,可能会有一千人读了后会受到一些影响,还可能有几百人会介绍给别人看。我出的所有的书,曾国藩的也好,周作人的也好,都指向一个方向:中国不能不改变,中国必须改变。"四个现代化",应该不止于"四个"吧,教育要不要现代化?交通要不要现代化呢?说到底,现代化最重要的是人的思想观念要现代化,社会和政治制度要现代化。要启蒙,就是要启发人们想通这个道理。

○《走向世界丛书》出来以后,产生了怎样的影响?

● 影响很大。首先的影响就是很多人都想看这些书,陈原、范用是出版界的老专家、老同志,都写信来,要看这个书。新华总社的副社长李普,中顾委的常委李一氓,也都最早看了这部书,进行了评论。钱锺书先生说,书的编者如果到北京来,我很愿意见见他。后来他还为我的书写了序,序的原稿还在我这里,有三篇。短短的序,他写了三次。他让我提意见,我只提了一点意见,请将讲我的好话删掉,他接受了。杨绛说,这是钱锺书平生唯一一次主动为人作序。钱先生说,你写的几十篇叙论尤其有意思,希望印成单行本,我来作序,"共襄大业"。这便是给中华书局出版的《走向世界》,已经三版四印了。

○ 听说钱先生不仅写序,还多次写信对这套书提出意见,当时,他提了些什么意见?

● 主要在译文还原方面纠正了我们的错误。我的外文知识不行。我在后记里引用了一句"我的杯很小,但我用我的杯喝水",是从周作人引森鸥外文章中转引的,以为是森氏的话。钱先生指出我错了,这是法国诗人缪赛的诗句,他将法文原文写出来寄给了我。

○ 我看过一篇文章说,八十年代初国务院古籍整理出版规划小组第一次开会,作为省级出版社参加这个会议的,你是唯一的一个人。当时在会上有没有谈到《走向世界丛书》?

● 那时《走向世界丛书》已被一致肯定,列入国家规划了。在会上我力争得来的是新编曾国藩全集。规划原来只打算影印《曾文正公全集》刻本。后来有人说,《曾文正公全集》人所共知,用不着策划,谈不上创意。我也没说过我有什么"创意",但在当时提出不能影印刻本,应该新编全集,也多少需要一点勇气;如果原规划不改,这书根本不能编,影印也不会交湖南印。至于《走向世界丛书》,会上倒并未多谈,它已经有了影响,法国、英国和日本都有了介绍和译本。正是因为有这套书,很多人才知道有我这个人,李一氓才找我去开会。

○ 您就趁着这个机会提出新编出版曾国藩全集?

● 是的。那时候我没有提周作人,周作人的书不属于古籍范围,不是会议讨论的内容。不过,在当时尽管有人称赞《走向世界丛书》,实际上其中不少人并未认真地读过,甚至也没读过我写的叙论。中国人就是这样,讲一本书写得好,没有人去认真看;讲一本书不好,也没有人认真去看。但李一氓不是这样,他看过我的书,还对选目提出过意见。将国家规划影印刻本《曾文正公全集》改为由岳麓书社新编《曾国藩全集》,也是他拍的板。

○ 您想过没有,这套丛书为什么在当时会产生这么大的影响?

● 这个问题要大家来讲。在丛书出版之前,很多人不知道曾经有这些人到过外国,写了这些文字,这本身就是世人感兴趣的事情。由于中国长期封闭,自己的思想长期封闭,一下子对外开放，人们思想上要突破很多东西，突破自己的观念，这时候看看前人是怎么突破，真是十分必要的。

所谓走向世界，就是走向外部世界。从改革开放的意义上看，只要走出去，人的认识就会变，变得比较容易接受改革开放带来的变化。传统文化实际上是一种内向的、保守的文化，这种文化体系是强有力的，要它走向世界是很艰难的。我们就要看看先行者们当时是怎样突破这些难题的，他们突破了没有。也有些人到外国后，仍旧认为中国的政教优于外国，还是反对和外国往来。一个长期封闭的国家，它的开放初期，走向世界的这帮人，认识各有不同，态度并不一致，看到这一点，也是很有意义的。我认为当时走出去的人，总体上比现在的人思想要深刻一些，理想要高远一些。现在"出洋"的中国人，思想普遍是肤浅的，他们不大注意比较研究两种文化和制度的不同，只考虑自己目前和今后的利益，并不忧国忧民，或者有意无意的回避。

○丛书原计划出一百种，但是实际只出版了三十六种，这会不会是您在出版工作中比较遗憾的事情？

●我是"落选"离开岳麓书社的。当时的省局领导在岳麓书社搞了一次一人一票选总编辑，我落选了，立马离开，《走向世界丛书》和周作人著作的出版计划便中断了。

出版计划中断当然是遗憾的事情。但一人一票是事实，这说明当时社里和局里的确有很多人不希望我当这个总编辑。据说有人的动机是怕我闯祸,其实我出书从未受过批评,出周作人也是拿到了尚方宝剑再动手的。

外界有人觉得奇怪,说外国也只一人一票选议员,选州长,没听说过一人一票选总编辑,选总工程师的。我倒并没有这样想,民主总是越多越好嘛。我一九八二年就是"正高",工资比局长还高,"落选"对我个人毫无损失嘛。这年我五十八岁,提前几年不必上班,正好"种自留地",自己写文章。周作人的书,编出来拿到别的出版社去出就是,只可惜《走向世界丛书》没有出齐。

○后来有人提出继续出完剩下的六十四种?

●计划出一百种已经出了三十六种,还有六十四种的资料也都齐了,放在这里,总是会有出版者愿意出版的。我今年七十七岁,如果等不及了,我会把原书卖掉。刻本抄本,都是我个人收得的,不是公物。不卖也不行,因为家里人没有搞这个的,他们不重视这些东西。

○《走向世界丛书》马上就要重印了,有人说很难出现八十年代的红火局面,因为时代环境已经发生了变化,您认为《走向世界丛书》在当下是否还有现实意义?

●我认为它既有历史意义,也有现实意义。我刚才讲的,中国走向世界,这个过程还远远没有完成,还在起步阶段。经济上好像与外面齐头并进了,甚至还显得很强势。但是我们的政治、哲学以及人文精神,还在现代世界的外面,还没有融入。三权分立,普遍直接的民选,新闻和出版自由,全世界公认的这些制度、这些做法,我们还没有实行。

丛书是前人走向世界学习西方的记录。毛泽东也说过,十九世纪中国人"向西方国家寻找真理",是因为"那时的外国只有西方资本主义国家是进步的"。From east to west,并不是说 west 一切都好。普世价值并不全都来自西方,中国古代的选举、议政、监察、弹劾等制度原来比欧洲还先进。李鸿章掌权,和他不同政见的人可以奏请"杀李鸿章以谢天下",李鸿章不能找他的麻烦。人们可以上书言事,湖南人可以讲广东的事情,可以公开讲,这就是言论自由。那时候的考试制度实际上是一种选举,把人才"选"出来,把官员"举"出来,也是普选。连范进那样贫苦的人都能中举,官宦人家子弟也得考,考不中是不能做官的。鲁迅的祖父帮别人(也捎带上了自己的儿子即鲁迅的父亲)行贿买举人,被检举揭发,被判死缓。而现在开后门却是公开的,花钱买学历买文凭成了普遍现象,这就是现代化前的现象。教育的公平性,政务的公开性,司法的公正性,如今有时候甚至比前清光绪年间还不如了。这说明中国在很多方面还远远没有现代化,还没有真正地走向世界,我们真正还必须认真地努力。

我们这些当编辑记者的人,读书写文章的人,应该努力推动社会文化的进步,促使走向世界的进程加快一点。这样的努力体现在文章中、书中,就或多或少起到了启蒙的作用。启蒙的作用看似很慢,好像缓不济急,其实从长远看,从积累的效果看,它会是相当快的。

---

* 原载 2008 年 5 月 11 日《南方都市报》

* 原题"启蒙的作用看似很慢,实际很快"

* 记者钟刚

22　发人深省的力量

——2008.5 与《新京报》

○是"文革"中的遭遇促使您来做《走向世界丛书》的吗？

●我七十年代坐牢的时候反复思索过一个问题,怎么像我这样的人被关到监狱里来了呢？结论是："文革"使中国脱离了世界文明的正轨,走上了错路。而其所以如此,所有中国人尤其是中国的知识分子,包括我们自己,这几十年来的作为或不作为,也是有责任的,我们实际上是被自己关起来了。

○您再进一步反思的结果是什么？

●中国的问题,不是哪一个人受屈不受屈,受的待遇公正不公正的问题,归根结蒂是一个要不要走向世界、能不能走向世界的问题。走向世界,不是说我们要过外国人的生活,买奔驰、林肯牌轿车,而是要走向全球文明。我编《走向世界丛书》,是有这么一点理念的,不仅是因为这些书原来少有人注意,可以翻出来整理出版,替出版社赚点名声这么功利,这么简单。

○ 您怎么看待东西方文化的差异?

● 这里首先要弄清楚,是不是一讲全球文明,就是要全盘西化,看不起我们自己的传统呢?中国的确是一个有几千年文明的古国,我从来不看轻古老中国的传统文化。追求文明,追求民主自由,也是先进的中国人(任何时候任何人群中都有先进的人)自古就有的优良传统。一听见讲民主自由就说在搞"西化",恰恰是不了解、不珍重自己传统文化的表现,是心虚的表现。中国传统文化主流倾向于保守,保守正说明它内涵丰富;赤贫户"三块石头一瓦罐",便没什么要保守,也不会保守了。这丰富的内涵里,便包含有民主自由的精神,为什么不加以发扬呢?中国的传统,是不赞成钳制言论自由的,有"防民之口,胜于防川"的告诫;也是可以议论政治的,有"天下有道则庶民不议"的说法,有道则庶民不议,无道则庶民可议了。

○《走向世界丛书》对今天的读者有什么样的意义?

● 你们《新京报》二〇〇六年一月六日登过一篇文章,叫做《重读走向世界丛书》,湖南看不到《新京报》,我前几天才知道。作者是陆建德,是中国社科院外国文学研究所副所长。

陆先生说,二十年后他重读一九八六年出版的《走向世界丛书》,感触仍然很多。张德彝光绪六年在英国的日记,记述了伦敦的一个马车夫因为鞭打自己的马过重,被罚款并监禁一月,因而感觉到,英国这个国家很好,法理总是顾及到人情,马尚且不能乱打,何况是人?陆先生说,这件小事,无论在一百二十年前还是在今天,都有发人深省的力量。这就回答了你提出的问题了。

○ 但是看的角度会有不同吧?

● 我编的这套书,是十九世纪末的人写的,到现在一百多年了。这套书最后一本是一九八六年出版的,到现在也已经二十二年了。至今还有人看,说明一百多年前的人对西方世界的观察至今还有意义,一百多年前开始的过程还没有完成。我们说还没有完成,好像是讲缺点,其实不是的。不是我们不爱中国,而是爱得很,爱得很才会希望他快点进步。我们提倡爱国,就首先要努力使中国更文明、更进步,使中国更可爱。

○ 为什么没有出齐这套书?

● 本来准备要出版一百种,但是出到三十六种我就因为"落选"离开岳麓书社了。中国的事向来是人亡政熄,你在的时候你做,你走了之后就没有人做了。

○ 你选书的标准是什么？

● 有内容，讲真话。"务虚"的、空议论的文字我不收，只收实地观察的见闻和以事实为依据的观感。

我编的书，郭嵩焘也好，曾国藩也好，周作人也好，《走向世界丛书》也好，目的都是为了帮助人们了解历史和文化，了解自己的昨天和今天，思考自己的明天。我觉得我们的明天应该是北京奥运口号所讲的 One World，也就是真正走向世界，共享全球文明。曾国藩是旧时代旧文化的代表，是那个时代里能力最强的人；这样强的人也挽救不了大局，这就说明这个统治和文化确实是要败亡了。他个人可以说是成功的，但整个体制是无可挽回地走向了末路。

我的思想可能有偏颇，也不够深刻，可这是我的思想。我在《走向世界·后记》里写过："我的杯很小，但我用我的杯喝水。"这是法国诗人缪赛的诗句，是我工作和生活的座右铭。

* 原载 2008 年 5 月 24 日《新京报》

* 原题"我求得发人深省的力量"

* 记者武云溥

23　大河在这里转弯
—— 2008.6 与《中国青年报》

"窗,是狭窄的。

而窗外,有着广阔光亮的明天。

有窗,囚犯们,就有希望……"

这首一九四八年发表在报纸上表达对自由解放的渴望的小诗《窗》,二十多年后却成了钟叔河与友人朱正牢狱生活的素描。上世纪七十年代初,因言获罪服刑的两个人,不在乎个人命运的走向,而在牢房里津津有味地讨论着国家和民族的未来。

时隔几十年,钟叔河依然记得他在牢房里与朱正的那些讨论。讨论结果之一是:"文革"使中国脱离了世界文明的正常轨道。

然而,牢房的生活却意外地催生出在改革开放前期的知识界和思想界中产生了巨大而深远影响的一套丛书——三十六种共计八百万字的《走向世界丛书》。

评论家李公明回忆,二十世纪七十年代末,大陆出版界面对的是思想资源的贫瘠、知识与学术园地荒芜的状况。刚苏醒过来的中国知识界四顾苍茫。而钟叔河则正在"拨乱反正"的时代风雨中到故纸堆中寻觅"走向世界"的通道,可见其作为出版人的识见和功绩"远在其作为文人之上"。

分数年先后在湖南人民出版社和岳麓书社出版的《走向世界丛书》问世之初,并没有"洛阳纸贵"的效果。丛书大概每本付印为二万册。由于是成套的丛书,囊中羞涩的知识青年许多是在图书馆中感受"那个禁锢封闭时代的一股新鲜之风"。钱锺书、萧乾、陈原等人纷纷来信鼓励。《人民日报》、《光明日报》、《新华文摘》等发表了书评,称其为"一套学习近代史的好丛书"。时任中央顾问委员会常委、国务院古籍整理规划小组组长的李一氓兴奋地撰文指出:"这确实是近年来所见到的整理古文献中最富有思想性、科学性和创造性的一套丛书。"

二十多年后,二〇〇六年,中国社会科学院外国文学研究所副所长陆建德在《新京报》上撰文,说他重读《走向世界丛书》中张德彝的欧洲游记,感触仍然很多。

在北美任教的王尔敏教授最近撰文称:"启我茫昧,导以明灯,我相信钟先生是一位有世界眼光的学者,足当称为时代先知。"

于是,我从北京赶赴长沙做了采访。

○ 请从个人生活经历的背景，谈谈您当编辑和编出这么多好书的缘起。

● 父亲长期教数学，兄长学农。自认为没有什么"文艺细胞"的我，读初中时对植物尤其是树木有浓厚兴趣，高中阶段又萌生了对历史考古的热情，喜好探索求证古人的生活。比如，老子、庄子当年是怎样待客、吃饭、穿衣的，对这些我充满了好奇。

读书时自己心里瞧不起以文墨谋生的人，认为文字是虚的，由实际的力量控制和决定方向，随意性大。科学则不同，有着客观的规律，不可改变。那时我完全没有想要以文字为职业，一生的荣辱全系于此。

一九五七年我被划为右派，当时湖南日报"反右办"编印了一本《继续揭发批判钟叔河的反党反社会主义罪行》的小册子，公布了我的四十八条"右派言论"，其中一条是："自由、民主和社会主义是没有矛盾的"。

五十一年后回忆这段历史，其实我当时想要的自由，不过是希望能够允许我自己来思想，来读自己想读的书。这样是不是错了呢？反复思来想去，结论是自己没有错。

此后，被开除公职的我申请回家"自谋生活"。开始只能靠拉板车，辛苦一天赚几毛钱。好在身体没有病，适应能力强，拉车回家后全身酸痛，痛个把星期也就不痛了；两三个月后，反而不拉板车就不舒服，小腿胀。加上妻子后来学会了做木模，自己改作绘图、裱糊等事，生活得以维持下来。

没了社会交往,没了政治学习,看书的时间反而多了。我用父亲的借书证从省图书馆借书,绘图做木模挣了钱,还能到旧书店买点书,民国二十五年北平版《查泰莱夫人的情人》便是那时买得的。周作人的书,还有《走向世界丛书》中黄遵宪、康有为、梁启超等人的书,也是那时买得的。

一九七〇年,我又因"污蔑攻击无产阶级文化大革命"被判刑十年,被送到劳改队,在那里有时仍忍不住要思考国家和文明兴衰的规律。劳改中当然不会想到编书,但总是忍不住要思索,中国怎样才能成为一个现代化的国家?中国人怎样才能享受民主自由?《走向世界丛书》即缘起于此。

〇《走向世界丛书》在很短的时间内陆续面世并取得成功,的确并不容易。

● 一九七九年到湖南人民出版社当了编辑。一到,我就立即建议并着手编纂《走向世界丛书》。

为此,我广泛搜览了前人的出国记述,近代留学、出使、考察、旅游欧美、日本的记载,一共看过两百来种,包括难得一见的手稿和抄本,如张德彝《随使法国记》、周作人藏黄遵宪最后定本《日本杂事诗》、钱单士厘《归潜记》家刻毛本等。

看了这些书就等于对我们民族从封闭社会走向现代世界的历史,做了一番纵横观察。我决定选出其中一百种,编成《走向世界丛书》。

从林则徐、魏源到康有为、严复,近代一百四十年的前七十年历史,在我看来,是一个非常重要的历史阶段。如今我们正在向现代化进军的时候,重温一下昨天和前天的这段历史,是十分有益和有用的。

我将全部精力投注于此。当时没有电脑,要请人誊抄原稿,再逐字校对,逐句标点,加旁批,做索引。考虑到如果分散地、一本本地出,不易使人留下印象,大学生、中学生也不一定都能看懂。所以每篇前都要写很长的导言,介绍作者和他到外国去的背景,还要介绍他眼中的外国,透过记载,看出他的心态和见识。

每一本书的导言(叙论)长的三万多字,少的一万多字。付印以后,又要几次校对。在湖南人民出版社出书时,编辑工作开头完全是一个人在搞。但因为是自己一直想要做的事,不但不以为苦,反而苦中得乐。我自己后来的两部著作《走向世界——中国人考察西方的历史》和《从东方到西方》,也是在这几十篇导言的基础上写成的。

一九八〇年八月,《走向世界丛书》的第一种《环游地球新录》(李圭著)由湖南人民出版社出版。到一九八三年,在该社共出版了二十册(有的几种合为一册)。当时编辑室的出书计划一年才有三十本,我争着要出二十本,但只同意我出四本,就是这最初的四本引起了轰动,也引起了李一氓和钱锺书等人的注意。

钱锺书对《读书》杂志的董秀玉表示,希望和我见面谈谈。一九八四年一月我们就在北京见了面,钱建议我把自己写的叙论结集单行,表示愿为作序。

○ 编书和出书,要不要承担风险?

● 写书的人,编书的人,还有出版的人,他们的眼睛,应该望着渴望文明进步的读者,望着历史前进的方向。这在出版不太自由的时候,总是要承担一定风险的。

后果和遗憾显然在意料中。在有的时候,有的地方,出书并不容易。《走向世界丛书》计划出一百种,只出了三十六种。出版周作人的书,也被迫中途放弃,并被攻击为"不务正业"、"出汉奸的书"。出曾国藩家书,省报上发表大块文章指责《如此家书有何益》。一位老局长认为钟叔河不听招呼,硬要出汉奸的书,把状告到了北京。

有朋友半开玩笑地对我说:"不怕戴卖国主义的帽子吗?"萧乾也担忧地提醒我,不要"自找麻烦"。我在一篇文章中援引了西人的话应答:"中国本身拥有力量,可以在真正完全摆脱迷信的重担和对过去的崇拜时,迅速使自己新生。"只要自己出的书有助于"摆脱迷信的重担和对过去的崇拜",自己就拥有了力量。

我出曾国藩、周作人的书,和出《走向世界丛书》是一脉相承的。这些书在改革开放之前都是被禁锢的,我就是要突破这种禁锢。出版人有职责,不能让文化留下空白,读书应无禁区。当然,这些书都是"小众书"、非大众悦读的畅销书,出书的目的只在于影响思想者,为改革和进步开路。

二〇〇七年,一名大学生博友以我说的知识分子"才学识三要素"立论,指责当前某些知识分子丧失独立人格,依附利益阶层,在精神上缺钙,一时引起波澜。其实,相当多的知识分子沦为利益阶层的附庸,或者进入利益阶层,是不可避免的,从前的士大夫读书就是为了做官。但是,不追逐个人利益的读书人仍然不绝如缕,如果没有这样的人,这个国家和民族早就没有希望了。渴望文明进步的读者也总不会少,从我不断收到的读者来信可以看出。对这套书籍再版的前景,我看也应该乐观。

一九五七年,我以"自由、民主和社会主义是没有矛盾的"获罪。五十年后,温家宝总理表述"自由民主是普世价值"。今昔对比,发人深省。

古老的中国文化,确实是一条源远流长的大河。自从碰上"五千年未有之变局",这条大河得要转弯。改革开放三十年来,古老大河的文明终于开始转弯了——普世价值开始被尊崇,自由民主的要求也可以表达了。

美国学者托马斯·弗里德曼的名著《世界是平的》指出:当今的世界是越小越平,各国都牢牢拴在全球化的链条中。这一观点与我在《走向世界丛书·总序》中提出的"今天的世界是一个迅速缩小的世界"相合。

现在已经多了些言论自由,不会再因言获罪了。但"走向世界"的过程仍远远没有完结。走向世界文明正轨的过程很复杂,拐点的出现可能还要再过几年、十几年、几十年。古老文化的遗传性和复制力很强,遗传的病毒使肌体的更新力下降,脱离全球文明的正轨也实在太远了一点。

国人对传统文化的特质不了解。改革不仅要克服体制上的障碍,经济上的束缚,还有更多的是人的内心思想上的问题,这一点非常容易被忽视。

一种文化,绝不能靠排斥其他文化而得到真正的发展。有没有容纳外来成分的气魄,能不能吸收和消化新的分子而又不机械搬运、盲目崇洋,正是衡量一种文化有没有生命力的标志。但中国有力量追求进步,现在认知世界的科技手段日新,世界都在一张网上。中国将从这个变化中受益,在文明进步上更加快速地发展。为了这个远大的目标,个人承担点风险,付出点代价,我以为是值得的。

---

* 原载 2008 年 6 月 17 日《中国青年报》

* 原有副题"《走向世界丛书》:古老文明嬗变的序幕"

* 记者洪克非

24　走向世界刚起步

——2008.11 与《河北青年报》

○ 作为编者,您选书的标准是什么?

● 讲真话,写真事。务虚的文章我不收,纯粹吹捧外国或者谩骂外国的,我也不收,我只收亲身的见闻和直接的观感。

我编任何一本书,郭嵩焘也好,曾国藩也好,周作人也好,都是用我自己的思想来编,都是为了使中国走向世界。曾国藩是一个旧时代旧文化的代表,他是晚清政界能力最强的人。即使是这样强的人,也挽救不了清朝,这就说明这个统治和文化确实是垂死了。他个人可以说是成功的,但整个体制是无可挽回地走向败亡。

我的思想也许有偏颇,也不深刻,可这是我的思想。我在序言里引"我的杯很小,但我以我的杯喝水",这是法国诗人缪赛的诗句,也是我写书编书的指针和箴言。我只会编我自己想要出的书,我认为能够促使中国走向世界的书。

○《走向世界丛书》即将再版,这些书在当时有启蒙的作用,在今天似乎是"老生常谈"了,对于现在的读者来说,它还有什么样的意义?

● 我认为重印《走向世界丛书》还很有现实意义,因为中国走向世界的过程还远远没有完结,中国还处于走向世界的起步阶段。经济上好像与外面的差距是大大缩小了,甚至还很强势,但是在现代政治和人文精神等方面,情形就很不一样了。

主张传播西学,提倡民主自由,并不等于要"全盘西化"。民主的思想,自由的精神,根源并不全在希腊,中国古时候也有。古时朝廷上也常有政争,不同意见之间常常发生激烈辩论,情形跟"巴力门"颇为类似。清朝光绪年间,要不要办洋务,要不要设海防,大臣和"言官"们各抒所见,《近代史资料》印了好几本。读书人可以上书言事,宋太祖遗诏"不得杀上书言事人"。康有为公车上书时,身份只是个应试的举子,言论自由的尺度相当宽。传统文化主流是保守的,但并非铁板一块。不是说过要"取其精华,弃其糟粕"吗?精华就是民主的思想,自由的精神,国家大事人人可以发表意见,几亿人十几亿人不能只有一个"统一的思想",全国不能"舆论一律",这并不是什么"右派言论",先圣昔贤都讲过这些道理。

○ 在您搜罗的书中,有很多是极其珍贵的,搜罗过程中有什么难忘的故事?

● 故事是很多的。那时候北京图书馆古籍部还在北海,我去那里找资料,年轻馆员不很熟悉,回答不得要领,这时旁边一位老馆员听到我们谈话,他跟我是湖南老乡,就告诉我,要去雍和宫附近的柏林寺,那里有一些珍贵的资料,而且是不对外开放的。这位老乡给我画地图,教我怎样搭公交车,他随后骑单车到。而我因为急于找到他所说的珍贵资料,就打了"面的"(一种黄色的小面包车)。结果在柏林寺发现了七种张德彝出国见闻录的抄本,那时候复印还是个新东西,图书馆一般不让复印,但我还是设法把这些抄本都借出来复印了。后来才知道,这位老馆员叫张玄浩,是西南联大的毕业生,对我用长沙话讲的内容感兴趣,决定帮助我。于是我们成为了朋友,他早已不幸去世,但他的女儿至今还和我有联系。

○ 由于种种原因,您计划出一百种书的愿望没有实现,是不是感到特别遗憾?

● 书没有出齐,我当然不甘心。在我后来写了发表的文章中,又陆续介绍过十多种。其中的《六述奇》涉及"赛金花在柏林",我觉得很有意思。赛金花当年作为"公使如夫人"随洪钧出使德国,张德彝是使馆工作人员随同前往。张德彝的思想不怎么深刻,文笔也不佳妙,但他的记述特别细致,穿什么衣服带什么饰物都详细记载,很有价值。我在出散文自选集的时候,还选了这篇《赛金花在柏林》。

---

* 原载 2008 年 11 月 7 日《河北青年报》

* 原题"一套丛书看世界——中国还在走向世界的起步阶段"

* 记者赵丽肖

25　人不会永远安于封闭

——2008.11 与《广州日报》

○原计划《走向世界丛书》要出一百种,现在重印的仍只有三十六种,为什么不出齐?

●我本来准备出一百种,但是出到三十六种,省新闻出版局要出版社一人一票"选"总编辑,我没选上;本是从外头调进出版社当总编辑,讲好了当几年仍旧要"归还建置"的,自然得离开。离开出版社,别的并没什么可惜,只可惜这两套书没能出齐。

○重印《走向世界丛书》对历史和现实,对今天的读者有什么样的意义?

●《走向世界丛书》是中国人最早关于西方国家的文字记载。中国人走向西方,比起西方人走向中国来,时间上晚了一千七百年。公元一六六年,大秦(罗马帝国)王安敦的使者就到了中国,《后汉书》上有记载。到明朝时,来的已是利玛窦这样的文化人,能学会汉语汉文,和士大夫进行文化交流了。但是中国派使者到外国去,即使从斌椿算起,也是一八六六年的事情。斌椿一点不懂外文,毫无外交常识。瑞典王太后接见他,喜云:"中华人从无至此者,今得见华夏大人,同朝大喜。"他赋诗奉答,却是"西池王母住瀛洲……",将瑞典王太后比作中国古代神话中"豹尾虎齿而善啸"的"西王母",实在有点不伦不类。

画出五大洲四大洋的世界地图始见于欧洲,历来都以地中海为画幅的中心,中国、日本居于最东,故称远东。而利玛窦拿了他带到中国来的第一张世界地图给万历皇帝看,皇帝便不能接受,一定要他把中国画在世界的中心。而现在恐怕还有人认为,万历皇帝这是"爱国自尊"的表现。

所有这些不伦不类现象的根源,都是因为拒绝全球文明,将自己囿于一隅,对于普遍的知识不知不信的结果。清初杨光先反对公历的"名言":"宁可使中国无好历法,不可使中国有西洋人。"公历(就是现行以基督诞生纪元的历法)虽然是好历法,因为它是西洋人创用的就不可采用,这是何等的荒谬,何等的幼稚。

○《走向世界丛书》让大家记住了您的名字,最初是怎么萌生要编这套书的想法的?

● 我坐牢的时候当然不可能想到编书,却一直在想一个问题,就是中国怎样才能改变,怎样才能成为一个现代化国家,才能使人们不会因为思想而受罪。整个世界都进步了,都现代化了,所以我想到我们应该走向世界。

人不会永远安于封闭,行动上如此,思想上更是如此。我几十年来看过些追寻、探索者的记述,觉得这些文字非常有意义、有价值。后来自己可以选题编书了,于是就开始编这套丛书。

○您是怎么读书的?您觉得我们年轻人该如何读书?

● 我们年轻的时候,熟读深思的人也只是少数,真正会读书的人从来都不很多。我小时也不会读书,成绩平平。看课外读物只凭直觉,幸好有机会接触了一些有趣又有益的书,才慢慢养成了读好书的习惯,养成了对自然和历史的兴趣。从兄姊的国文课本里读到了周作人、朱自清……,读到了袁枚的《夷门歌》和《信陵君列传》,于是又去寻读《史记精华录》,读到了《项脊轩志》,又去寻读张宗子、袁中郎……主要还是凭兴趣。直到被划右派以后,才真正发奋读书。

我们这些快八十岁和八十多岁的人是最没用的一代人,没有什么经验值得学习研究,要研究还是研究前人。我主张你们多读前辈学者和作家的书,更重要的是读中外的经典。读书不能满足于今人的解说,要有独立的思考和判断,要有追根溯源的勇气和毅力。

○《走向世界丛书》钱锺书先生给写了序,请介绍一下这事情的经过。

● 你可能混淆了《走向世界丛书》和《走向世界》。丛书并没有请钱先生写序,他的序是为我本人的著作《走向世界——中国人考察西方的历史》而写的。

《走向世界——中国人考察西方的历史》一九八五年由中华书局出版,至今已三版四印。它和《从东方到西方——〈走向世界丛书〉叙论集》互为表里,却是两本不同的书;前者有钱先生序。后者有李一氓先生序。两位先生关心后学,奖掖后进的盛德,都是我感念不忘的。

○ 您编辑的《周作人散文全集》影响也很大,当初为什么要做这个?

● 五十年前的一九六三年,我曾给周作人写信,那时他蛰居京城西北角上的八道湾,我则被划成右派开除公职,正在长沙市上拖板车。为了给周作人写信,我特意到附近小店中买了几张横格材料纸、一小瓶墨汁和一支一角二分钱的毛笔。信发出后,很快收到周的亲笔回信、题赠的书,还有写在条幅上的两首诗。八十高龄的"五四"名宿,居然还看得起我这个板车夫,这一份知己之感,就成了我后来肯花时间力气编辑出版周作人全集的动力。

于是,当我有了选题出书的可能时,便立即编印了一部《知堂书话》。这是新中国成立后出版的第一部署名"周作人著"的新书,接着又决定来印从《自己的园地》、《雨天的书》到《乙酉杂文编》、《饭后随笔》等周氏自编文集。谁知天有不测风云,《夜抄读》还未印出,湖南出版"三种人"(《查泰莱夫人的情人》、《丑陋的中国人》和"周作人")就受到批判,随后我便"落选"离开出版社了。

―――――――

* 原载 2008 年 11 月 29 日《广州日报》

* 原总题:"近代中国人看现代文明的第一眼"

* 记者吴波

26 钱锺书和我

——2009.1 与"红网"及《晨报周刊》

○《走向世界丛书》重版反应热烈,有读者希望先生能和他们谈一点与这套书有关的人和事,比如钱锺书和杨绛。

● 中国人走向世界,就是从远东走向远西,从东方走向西方。中国人从东方走向西方的起步,比欧洲人从西方走向东方至少晚了一千七百年,这就是双方在走向外部世界上的差距。

《走向世界丛书》是我进入出版界后做的第一件工作。我到出版系统来工作的目的,就是要推出这部书。出版社是朱正介绍我来的。"文化大革命"期间,我和朱正在牢里就谈论过有关的问题,朱正《述往事,思来者》一文中也写到了,这篇文章发表在一九八二年第六期的《人物》杂志上。我那时候常考虑中国的未来,基本问题是如何使中国走向世界。如果中国能够接受普世价值,能够走向世界,中国的问题就会解决。

杨绛(钱锺书先生的夫人)跟我去世的老伴朱纯通过一些信。杨先生今年九十八岁,是朱纯和我的前辈,朱纯是以仰慕者的心态和她通信的。早几天我又收到了她的一封信,谈到钱先生对《走向世界丛书》的关心,还有他热情为我的书《走向世界——中国人考察西方的历史》作序的故事。

钱锺书先生我原来并不认识,见到他完全是由于《读书》杂志的董秀玉(后来的三联书店总经理),她在我一九八四年一月到北京去的时候带着我去的。我这个人很怕旅行,北京至今都只去过四次,身在湖南,连湖南第一美景张家界亦从未去过,不是没机会去,机会很多,而是怕坐车。那次是指定我去北京开会,会后到了《读书》杂志,董秀玉跟我说,钱锺书、杨绛跟《读书》的关系很好,经常为《读书》杂志写文章,钱先生说湖南有套《走向世界丛书》,编书的那个人如果到北京来,希望能够见见面。董问我有兴趣去没?我说有兴趣去,她便陪着我坐公共汽车,去了三里河钱家。那时《读书》杂志好像还只是人民出版社的一个编辑室,社里的小汽车还轮不上我这样的客人,虽然范用对我很客气。

那一次我又晕了车,无法聚精会神谈话,临走时连自己的地址都没有留给钱先生。钱先生写信给我,也是寄给董秀玉托她转寄的。信中对《走向世界丛书》还原译名的错误提出了一些中肯的意见。光绪年间译名极不规范,郭嵩焘是湘阴人,就按湘阴话记音;黄遵宪是广东人,就按广东话记音。要想弄清这是什么人、什么地名,相当困难。有个同事杨坚英文比我好,《伦敦与巴黎日记》的译名今释主要是他做的,亦难免有错,但多是我自己的错误。这是钱先生给我的第一封信。

随后我们就通起信来。钱先生在信中说,你写的导言很有意义,最好能在这个基础上写成一本书,我愿为作序。董秀玉他们也表示愿出这本书,沈昌文、秦人路几位还约我座谈过。但当时《走向世界丛书》出书紧张,一个月出一种,薄本子,十几万字,不是现在这样厚厚的十本。每种书都要写导言,导言字数最少的一万二千字,最长的达三万五千字,都得在一个月内写成付印,所以很忙,实在没时间另外写书。拖到三月间发了病,脑出血两立方厘米,侥幸没死,医生和家属迫令作康复治疗,在疗养院一住就是半年,才将书稿完成。碰巧中华书局李侃到长沙开会,来疗养院把它拿过去了,就是不久前第三次印行的《走向世界——近代中国知识分子考察西方的历史》(按:二〇一〇年第四次重印改名《走向世界——中国人考察西方的历史》)。书虽然没有在三联出,但是钱先生的序一直印在卷首,这永远是我的光荣。

钱先生的序文有三份手稿在我这里。别人或者会以为钱先生有很大的架子,完全不是这样,他很随便的。他写的序,他说有意见你可以改,我也确实在上面"改"了,"改"掉的是他对我的奖饰之词,他的文章当然不需要改。我"改"过的稿子,他又誊一遍。他自己也喜欢改,在一封写给我的信中幽默地说自己,"文改公之谥,所不敢辞"。哪怕是写一篇这样的小序,他也习惯了一改再改,硬要改到"毫发无遗憾矣"才行。这三个稿子,现在都在我这里。有机会的话,我想介绍一下这三稿,讲一讲钱先生作文认真的态度。

钱先生的信和杨先生给我的信,有很多地方想发表,但我都没有答应,还为此得罪了人。他讲要拿去发表,我讲不好发表,因为两先生名气太大,发表他们写给我的信,好像我要借他们的光,我不太喜欢这样做。

* 原载 2009 年 1 月 7 日《晨报周刊》
* 原题"钟叔河回忆钱锺书和《走向世界丛书》"
* 编者附注云据钟某在"红网"访谈时录音整理

27 谈告密

—— 2009.4 与《湘声报》

○ 近日,章诒和继披露黄苗子密告聂绀弩并导致其罹祸之后,又撰文披露了冯亦代在她父亲(章伯钧)身边"卧底"的旧事。一时社会哗然,文化界为之震动。你是如何看待这一事件的?

● 告密不仅仅在"反右"和"文革"时期有,各项政治运动一开展,第一步总是"深入发动广大群众检举揭发",这不就是提倡告密吗?从中国历史上看,像雍正王朝的"血滴子",魏忠贤时期的锦衣卫、东厂,都无不利用鼓励告密这种手段抓人杀人。康熙时的文字狱,庄廷鑨《明史辑略》一案杀人上千,起因就是因贪落职的吴之荣希图"开复"入京告密。只是"文革"时大规模率兽食人,人们善良的根性更加被压抑遭扼杀,恶劣的根性则大大发扬变本加厉,这类行为就暴露得更多,涉及面更广了。德国统一后,解密档案,很多告密行为被披露,人人面目皆非。这说明,无论古今中外,凡是没有民主、专制独裁的政权,都必然会利用告密维持其统治。所以,告密这种恶行发生的根源来自统治者。

在刀俎间充鱼肉的士民,自然也有他们隐忍苟活的办法。统治者"和尚打伞,无法无天"地乱搞,被统治者硬着脖子挨刀固不失为痛快,敷衍应付一下也是"情有可原"的。"文革"时大家心里都明白,很多告密行为是假戏真做,真戏假做。但是不管如何,有的人被抓住弱点,自己主动配合做这样的事情,毕竟是中国人的悲哀。

〇 当时为什么会出现如此普遍的告密现象?而有些告密者是身边最亲近乃至最亲密的人,包括夫妻、父子、师生、朋友、上下级等。

● 不民主的制度的特质之一,就是不相信人民,总担心人民造反。为了"稳定",就得提倡和鼓励告密,把"不安定"的因素消灭在萌芽状态。其实不相信人民就是不相信自己,这种制度它本身害怕,不仅仅怕有思想的知识分子,也怕普通老百姓。就像一个人偷盗来一大笔钱,这个钱来路不正,是不合法的,他就会时刻提防被发现,对周围的人总是不放心,警惕性越来越高。隔壁两公婆关了门,也要了解他们在干什么。时时刻刻都得竖起耳朵,擦亮眼睛,告密者就成了他的顺风耳和千里眼。在那种情况下,很多人也都麻木了,不知道自己在做些什么,大家都处在监视之下。一个成年人的私生活,在正常情况下是不会暴露在光天化日之下的,但当时连私生活都暴露了。被告密——被检举揭发成了很正常的现象,到处墙壁上都可见"检举箱"。人性被扭曲了,不正常变成正常,也就习以为常了。

○ 告密是一个人内心里阴暗成分的表现,照中国传统道德来看,是可耻的。"文革"时期为何以"耻"为"荣",告密成为一种政治荣耀和义务?甚至深受传统道德熏陶的文人也如此。

● 这不全是道德问题,是一种社会文化现象,更多地与政治有关。从古至今,从中到外,越是专制独裁,越是对自己的统治没有信心,对告密的依赖程度就越高。

一般都认为,文人的道德品质高,"文人骨头硬,抵抗力强",其实并不是这样。文人可能更敏感,更软弱,这对创作来说是优点,但在抵抗统治这方面是弱点。

○ 如今这种突然解密或者揭露,会不会造成社会心理失衡和人际关系恶变?

● 我觉得解密没有那么大的作用和力量。这种行为,我见得多,经历过。至于章诒和的"解密",我期望能看到更为全面和完整的材料。

○ 面对历史，文字工作者应该持什么样的态度，是不是有义务和责任将历史的原貌原原本本地告诉公众？

● 当然有这种义务和责任，只是这个范围太大了。没有真相，没有还原，没有反思，没有忏悔，就没有人敢说告密风行的时日不再来。所以，我们只能顽强地叙述，我们必须拒绝遗忘。

○ 反思历史，关键不在于是不是告密，是谁告密，而是要反思造成人们告密的那个时代背景，谴责"告密文化的传统"，并探讨如何不让悲剧重演。您觉得，反思这样的行为与现象，对当代社会有何意义？

● 谴责告密者，这是低层次的行为。我们要更深一层思考，为什么政治制度要依靠告密者来维护？怎么才能改变这种制度？当然，如果深刻思考"国民性"这个问题，可以发现我们的国民性格中本来有很多阴暗面。

"反右"斗争中说文化人是"墙头草，风吹两边倒"，为什么只怪草两边倒，不怪狂暴的、乱刮的风呢？当然草有责任，它该能挺在那里不动。但小草的力量再怎么大，也抵不过狂风的力量不是？何况刮的是"十二级台风"。

○ 除了告密这样的行为值得检讨和反省外，还有哪些是我们值得反省和总结的？

● 我们个人无力改变历史的进程,只能希望那样的日子不要重来。好比我们坐在船上,经历了狂风大浪和触礁之后,就希望不再碰到风浪,不要再触礁。但是作为个人,我们坐在船舱里是无能为力的。坐不坐船,坐什么船,这船多快的速度,走什么航线,坐船的人事先能够选择,自己能够做一点主就好了。

---

* 原载2009年4月11日《湘声报》(同时发言者还有朱正和朱健,只录本人部分)

* 原题"亲历者眼中的告密"

* 记者王春花

28　说说我自己

——2009.6 与《南方人物周刊》

"我的杯很小,但我用我的杯喝水。"钟叔河喜欢的这句诗,也可以翻译成他自己的话:"我一直比较喜欢读书,比较喜欢用自己的脑子思想。"

"真能不用别人的杯喝水么?"钟叔河说,"其实也未必尽然,不过有这么一点儿洁癖,就不那么容易去随大流、吃大户罢了。"

我愿意做一些精细的手艺

○（宽大的书桌,高高的书柜,成套的《四部丛刊》、《四部备要》、《广汉和辞典》、《不列颠百科全书》、《清实录》、《古今图书集成》……阳光充沛的大客厅被改成书房,四十多平方米空间中,引人注意的还有一张台球桌）这间客厅又是书房,很有特点啊。

● 都是朱纯（我故去的老伴,她是二〇〇七年一月二十一日去世的)让这样布置的。她写过一篇《老头挪书房》,可以念几句给你听:"我常常笑他'獭祭鱼',写篇千把字的小文,也要摊开好多书,这里查,那里对,'抄都没有你这样不会抄的'。……老头和我商量,要把客厅改成书房,我嘴上没反对,心里却想,'你都七十多岁了,还劳神费力做什么哟。'但转念一想,他的父亲活到九十岁,母亲也八十多,肯定还活得几年,十几年,便同意了。"

○(桌上的纸笔清清爽爽,几个纸屉分门别类写着"材料"等字样,一个手工做成的小纸盒,侧壁一角穿了根细铅丝,弯成圆环,正好插一支短笔,挨着自动血压计和小本子,于是我又问)这些纸屉纸盒是您自己做的?

● 自己做的。每天要量四次血压,要记下来交医生。做个圆环把笔套住,使笔不会乱倒,才好放血压计和本子。我从小就喜欢自己动手做点小玩意,并没想过要以文字为职业,一心想去学考古或植物学——有个哥哥是学农的。植物分类学是很有味道的,挖掘人类古文明也很有意思。如果学那个,自己觉得多少会有一点点成就,有兴趣嘛。学科学也可以写文章,因为有事业,有职业,自己想写时才写,不想写就可以不写。如果以文字为职业,那就不能自由地写了,尤其是搞报纸,亩产三万斤,要你去写;工厂放卫星,要你去写;谁学雷锋天天写日记交给指导员看,要你去写。我对这类事情本就存疑,对写这些东西没有兴趣。

如果我不走现在这条路,又不能去搞树木研究,搞考古,我会是一个很好的手艺人。(书架)上面那两个刨子是我做的,竹筒也是我在劳改队做的。创造力我不是很强,但我能学会做一些比较精细的手工活,我喜欢做。

当右派时我在旧书店买了本德国人写的《细木工作业》,照书上的图样做了两个细木工刨,在靠手艺吃饭的年月里,这两个刨子帮了大忙。我在"文革"中坐牢的九年里,朱纯也是靠做木模养活了一家大小。

两个人都被打成右派,双方父母都还在,朱纯的哥哥妹妹还是党员负责干部。但我们不愿意连累他们,就租了一个很小的房子,自食其力。我是早恋早婚早育,二十三岁结婚,当年生了一个小孩,四个女儿是一年半一个。被划为右派时朱纯肚子里还有一个,碰上"三年自然灾害",这个生下来无论如何养不活了,只好送到孤儿院。朱纯在南京的那个姐姐特重手足之情,又带去了一个孩子,自己身边还有两个。

我们俩出去打工,就是干体力活,先拉板车,很快发现那个活是很累的,拉一天车全身都痛,虽然痛十来天也就好了,挣钱却少得很。肚子很饿,没东西吃。不过很快就另外找到了门路,刻油印讲义。那时没有复印机,大学里有老师的讲义要发给学生,就找人刻蜡纸。我的字不是很好,但能发现老师写的错别字,就偷偷改正过来,改了还不能声张,不能当众说穿,最多跟他说一句,"也许这个字应该是……",悄悄地跟他一个人讲。这样他发现你对他有用处,下次还叫你刻。

慢慢地,又开始做一些教学模型,那两个刨子就是做模型的工具,那是精细活,普通刨子刨不出来的。慢慢地钱挣得多一点了,一九七〇年"一打三反"又把我抓起来判刑十年,朱纯一个人就苦了。为了养活孩子,她还卖过血……

做右派是很苦的,主要不是肉体上的苦,也没人打过我们。最大的苦是时时刻刻都有被斗被抓的可能,没有"免于恐惧的自由",没有一点儿安全感。原来认识的人都不理你,当面碰见你也不打招呼。所以我到现在还是这样,别人不先打招呼,我也不打,省得自讨没趣。

李锐的表扬

〇(钟叔河是湖南平江人。父亲是教数学的,解放后当了文史馆员,读书人的"格"留给他的印象之一是不能随便接受别人给的吃食。家中本有条件供他念书,但他说自己也有过"思想极左时期",一九四九年八月报考了新闻干部训练班,立即被调入湖南日报社,那时还未满十八岁)您是一个从小就喜欢看书的孩子。您在文章中写过,有一次,母亲叫您去买油豆腐,您提着两串草绳系着的油豆腐,一边走路一边看,走到一半,想起来忘记找钱,急出一身汗。

● 抗战期间我在平江老家，同龄的玩伴很少，只好自己看书。兄姊们抗战前的教科书里，有曾国藩的《讨粤匪檄》、袁枚的《费宫人刺虎歌》、郑板桥的《道情十首》，低年级的则收了许多白话文，像叶圣陶的《藕与莼菜》，苏绿漪的《鸽儿的通信》，朱自清的《荷塘月色》，周作人的《故乡的野菜》（节录）和《金鱼、鹦鹉、叭儿狗》……

一开始，这些白话文章对于我都很新鲜，因为老家的藏书全都是文言。朱自清的"燕子去了，有再来的时候；杨柳枯了，有再青的时候……"读起来摇头摆脑，味道十足。但后来觉得，还是周作人的文章最经得看，每次看都有新的感觉。他的文章看起来是平淡的，却有着更深的意思；去解读这个更深的意思，就给了我的好奇心广阔的空间。我后来有一点写作能力，就是从看这些文章得来的。

十五岁时，我用文言写了一卷笔记《蛛窗述闻》，署名"病鹃"；抗战胜利后写小说，写新诗，笔名"杨蕾"。成了公家人之后，"杨蕾"还在做文学梦，一九五○年小说《季梦千》在《湘江》一发表，立即受到批评；《人民文学》的退稿信说："思想水平还不很高，没有写出我们的力量与曾经如何战斗。"我只好将"杨蕾"从梦中喊醒。

一九四九年开国大典前几天午饭后，我在报社通联科办公室朗诵何其芳的《预言》，被南下的科长批评："啥玩意啊，有精神不休息，为啥不多读几遍《评白皮书》。"

在《湖南日报》当记者时，署过的名有：柴荆、龚桥、辛文——谐音我采访报道的内容：财经、公交、新闻。

李锐女儿李南央的《父母昨日书》我有，她在美国送我的。李锐是湖南日报社的老社长，但只待一年多就调到省委去了。我当时还是小年轻，在他那里不会留下什么印象。我这个人有个很大的毛病，形体上比较疏懒，内心里也不求上进，所以不爱搞社会活动，也不想跟领导挨得很近。说起来李锐本是我的平江同乡，他的姐姐又是我两个姐姐的体育老师，但我跟他只有过一次很小的交道——

刚参加工作第二天我就下乡，去采访一个农民地下党员孔十爹，是一九二六年的老党员，后来当了省农协副主席。有一位年纪比我大的"老记者"带着我下去，他写了一篇"通讯"给我看，我觉得不够好，自己另写了一篇，贴上邮票丢到邮筒里了。那天李锐上晚班——大样原先要省委书记黄克诚看过签字才能开印，后来是周小舟跟李锐两个看，最后才委托李锐看。李锐看了"老记者"的稿子，觉得不很好，但题材又舍不得丢。有人就说，这里还有一篇，那就是我另写的那一篇。李锐一看，说，这个好，就用这篇。

李锐在大样上这篇"通讯"旁边批了一段话，大意是：选稿子要看文章，不要只看作者，老同志的文章未必好，新同志的文章未必不好。批语我没看到，别人告诉我了。这样我就对李锐有了好感，所谓知己之感吧。但李锐这个表扬害了我，否则我可能就不会留在报社，就不会天天晚上开会学习,从猴子变人学起了。

你没经历过那个年代。报社每天晚上组织学习两小时,只星期六晚上不学,星期天晚上都要学!月月要小结,年年要鉴定。从猴子变人学起,还有就是苏联的政治经济学,还要我当学习中心联组的组长。当时我们这几个人并没有怀疑这些理论的正确,没有那个水平,也没有那个胆量,就是觉得太单调枯燥,慢慢地就想看点别的书,包括郁达夫、胡适、周作人的书。

从前长沙的旧书店都在南阳街,后来"改造"得只剩下一家古旧书店,负责人姓戴,我跟他关系搞得很好。"不好的书"都放在店堂的后面,凭证件可以进去看,也可以买,甚至可以拿回来看,想要的买下,不想要的再送回去。我们虽然在报社里挨批评,但走出去还是报社的人,可以看到禁书。

〇(我们"这几个人"即是钟叔河、朱正、张志浩、俞润泉,一九五五年成了湖南日报的"反革命小集团",一九五七年又成了右派。报社"反右办"印过一本十多万字的书批判钟叔河,其中有他的"四十八条",如"任何一个国家如果没有高度的民主政治,哪怕经济上再强大,也是没有很大吸引力的";"强调专政必然会限制民主自由,使人民不能享受更多的权利"——有人告诉钟叔河,哪怕湖南日报社只划一个右派,铁定也是他)这四十八条是不是您的原话?

● 是的,是我五十多年前一条条写出来的,白纸黑字。所以当右派我并没有被冤枉的感觉,当时没有,现在也没有。

我们四个人怎么会出问题的呢?我们都没有家庭问题、历史问题。朱正的父亲是省级公司的会计,张志浩解放前是个教员,俞润泉是大学生,所谓政治问题是他自己被逼乱讲讲出来的,我们就是看点书、讲点话……

我们到旧书店看几本书,就成为批判对象。中国的知识分子有的很坏,不少人业务搞不好,成天打小报告,这叫做"靠拢组织";"组织上"把他们"反映"的问题列为"整"的目标,他们则"上纲上线"检举揭发,批判斗争。到一九五七年"反右派",我的"材料"就多了。对于那些无中生有、夸大歪曲的"材料",我当然不会认账,但自己确实讲过的话,自己也认为没什么不对的话,我是敢于承认的,就是这四十八条——这都是五十多年前的事了。

如今,长沙的夏天特别闷热,我常常挥汗夜读,若读出好味道,有时也会"夹一筷子"给同好者尝尝,——写点读后感之类小文。看书,前人的笔记和日记是我的最爱,想从中钩稽一点社会和文化的记录。"文章学其短",写得好不好且不说,能印成"薄薄本子四号字"就满足了。

我自己的大好年华,都用到拖板车和写检讨上去了,外语也没学会一门。但也拣了一个"便宜":一九五七至一九七九年的二十四年里,我不需要做命题作文,也不需要按模式思想,在劳动之余,尽可"自由"地考虑中国的过去和未来,也能收集整理一些材料。我前后大概浏览过两百来种民国以前中国人亲历西方的记载,从中选出一百种。一九七九年九月平反,刚到湖南人民出版社,就提议编一套《走向世界丛书》,积累总算用上了。

潘汉年说,相信人民

○(一九七〇年,钟叔河被判十年徒刑,朱正判了三年。朱正说:"我这三年会坐满,你的十年坐不满。"结果真的没坐满。他在湖南省第三劳改队即洣江茶场待到第五年时,劳改队来了潘汉年和他的妻子董慧。泥木队犯人偷偷散布消息说:"小平房住进一个老头和一个老太婆,看样子是犯了错误的大干部,有不少书,有钱买鱼和蛋,抽的是好香烟")您写过劳改队里的潘汉年,我看过您的文章。

● 以前我只看到过潘汉年的照片,一九七五年在洣江茶场初见时,眼前只是一个身材矮小,面容清癯,头发稀疏而且白得很多,穿一件旧的灰色干部服,手里提个小竹篮的老头,似乎像一个什么人,究竟是谁却完全记不得了。

正如我在文章中所说,很快我就知道了这个小老头的身份,而且同他有过些接触。毕竟是长期做秘密工作的人,潘汉年在劳改队里言行特别谨慎小心。他只跟我讲过两次话,八个字。第一次,我说了自己的情况,他只轻轻地说了四个字:"相信人民。"第二次,我说我要申诉,他又只留下轻轻的四个字:"你还年轻。"那一年,我四十五岁。

我二十五岁就在"反胡风"运动中跟朱正、张志浩、俞润泉被整成"反革命小集团",随后改为"反动小集团",后来又改为"落后小集团",最后才作结论,"本来并没有什么小集团",二三十岁的人却都七老八十了。

尽管潘汉年说我"还年轻",要我"相信人民",我也相信迟早总会有变化,但却并没有想到自己会到出版社来编书。我本来是报社的右派,后来到社会上,再后来坐牢,坐牢平反出来,按道理要回报社。可是我觉得在地方报纸做不出什么事情,也无法去做,每天那么多任务,要搞宣传鼓动,没时间做自己想做的事,就不想回去了。

去出版社是朱正的推荐。开头几年就编了三十六种《走向世界丛书》。当时没有电脑和复印机,要请人抄稿,然后一字一字校对,一句一句标点,还要加旁批,做索引,写至少上万字的导言,付印后还要看几次校样——一个月出一本。因为是一直想要做的事,也不觉得累。

一九八〇年八月,《走向世界丛书》的第一种《环游地球新录》(一八七六年李圭作为中国企业界代表参加美国费城万国博览会的记述)出版。到一九八四年,第一批就出齐了。倒霉的是突然发了病,脑出血。我住疗养院的大半年中,搞了场"机构改革",硬把我调到岳麓书社去当总编辑,《走向世界丛书》反而耽搁下来了。这套书原本计划出一百种,如今张德彝的《随使德国记》付印稿还搁在书架上。张德彝八次出国,每次都留下一部翔实的见闻录,其中记述赛金花跟大她三十三岁的洪钧在柏林万德海街上中国使馆中近三年生活的记录真是细密。因为细密,历历如在眼前,比许多有思想有文才的人的文章更有价值。

为什么要编这套书?无非是想起到一点帮助打开门窗又防止伤风感冒的作用。后来钱锺书先生建议我将《走向世界丛书》的导言结集出版,他愿写序——他在序言中写道:"差不多四十年前,我想用英语写一本有关晚清输入西洋文学的小史,曾涉猎叔河同志所讲的那一类书,当时它们已是冷门东西了。我的视野很小,只限于文学,远不如他眼光普照,瞻顾到欧、美以至日本文化的全面……"钱先生的过誉愧不敢当,集前人之作的《走向世界丛书》和我自己写作的关于"走向世界"的文字能够被认可,毕竟是一种难得的安慰。

最爱周作人的文章

○(除了《走向世界丛书》,钟叔河作为一位编辑和出版人的名声,就是出了周作人的书。第一,他出得最早,早在上世纪八十年代,那时要担风险。第二,他编得认真,印得讲究,差错少,口碑好。第三,他是低姿态,只埋头出书,很少惹争议。我问他)周作人的文章好,这个看法您早就有了?

● 我是小时候从兄姊的初中国文课本里认识周作人的，慢慢才看出一点味道，觉得比别人的文章经看些。一九五〇年又读到一本《鲁迅的故家》，署名周遐寿，里面有节标题《一幅画》，哎，我说这是最好的文章，原来这也是周作人写的。周家三兄弟周建人之下还有一个夭折的四弟，三岁时死了，母亲叫周作人找人画了一幅小像，又没有照片，不知道什么样子，是凭想象画的，画好后挂在母亲的房里，一直挂了四十五年。后来又读到一本《希腊的神与英雄》，翻译的人也是周遐寿，里面神的译名，像维纳斯、宙斯、阿波罗这些，译得都跟我以前读到的不同。我就给出版社写了一封信，去问为什么要改变译名。那时候对读者来信很重视的，不像现在。出版社就把这封信转给了周作人，周作人给出版社回了信，出版社又把这封信转给了我。就这样，我知道了周遐寿就是周作人，也知道了他的地址。张志浩比我大十岁，今年八十九了，是他先写信给周作人，周作人给他寄了两本书，还写了字。于是我也给周作人写了一封信，寄到北京新街口八道湾十一号周家。

我在信中写道："……二十余年来，我在这小城市中，不断搜求先生的各种著作，凡是能寻到的，无不用心地读，而且都爱不能释。……我一直以为，先生文章的真价值，首先在于它们所反映出来的一种态度，乃是上下数千年来中国读书人最难得有的态度，那就是诚实的态度：对自己、对生活、对艺术、对人生，对自己和别人的国家，对人类的今天和未来,都能够诚实地、冷静地,然而又是积极地去看,去讲,去想,去写。……"这就是当时我对他的文章的"真价值"的一点认识。

当时我家连纸笔都没有,我在拉板车,做裱糊工,条件很不好,买不起像样的纸笔,是到附近小店买的一分钱两张的极薄的一面粗一面光、上面印着红色横线的"材料纸",一支一角二分钱的毛笔和一小瓶墨汁。周作人收到我的信以后,很快回了信,为我写了条幅,还寄了本新出版的《伊索寓言》给我。我写信的时间是一九六三年,二十八年后,周作人的儿子丰一把这封信复印寄给了我,原件是他从鲁迅博物馆索回的。

白话文里,写得最好的,或者说我最喜欢的是周作人。文言文里,我认为写得最好的是一个明朝人,写《陶庵梦忆》和《琅嬛文集》的张岱。

周作人的文章之好,这个用不到我来讲。一九三三年,斯诺书面采访鲁迅,问了三十六个问题,鲁迅是书面回复的,所以绝对可信。斯诺问:"中国最好的散文家是谁?"鲁迅讲了五个人:"周作人、林语堂、周树人、陈独秀、梁启超。"巴金接受李辉采访时说:"周作人文章写得好。人归人,文章还是好文章。"胡适六十年代对唐德刚也讲:"到现在还值得一看的,就只有周作人的东西了。"

那时候我只是一个拉板车的年轻人,周作人也不晓得我后来会编他的书。

曾国藩应在康、梁之上

○（在《走向世界丛书》和周作人著作之外,钟叔河策划出书为人所重的,还有一个曾国藩。是他在北京力争将新编曾氏全集列入了国家规划,到岳麓书社任总编后,又重新选定了《曾国藩全集》的责编,并且自己动手编了《曾国藩教子书》）曾国藩的书,新出的全集比旧时的刻本大大充实了。

●《曾文正公全集》是解放前湖南读书人家都有的书。一九八三年北京开会讨论制订古籍出版规划,李一氓召我去参加。原来规划只影印刻本《曾文正公全集》,是我三次发言,力陈刻本删节太多,未刊资料丰富,必须新编扩大容量,一氓同志表态支持,才修改规划的。这时候我还没有到岳麓书社去。一九八四年调去当总编辑后,发现原来确定的责编更适宜编文学书,于是重新选定了邓云生(唐浩明)来责编新的《曾国藩全集》。唐君工作努力,不仅做好了责编,还收获了副产品——小说《曾国藩》。

小时候我读过刻本曾氏家书,觉得有可读性,很生动,有时还很诙谐。长大了再读,更觉得这个人不简单,有人格魅力。

我对曾国藩感兴趣的是他超凡的能力:判断分析的能力,协调组织的能力,制定方针政策、把一件事做成功的能力。他的学习能力也很强,他的道德观念和伦理哲学自成体系。那么多家书、书信、批牍都是他自己写的,手迹具在,最多的时候一天给弟弟写过四封信,在围攻金陵战事最紧张的时候。那么紧张那么忙,他还要做编辑工作,编《经史百家杂抄》和《十八家诗抄》。不像今天搞些人一顿乱抄最后署个"主编"的名,而是他一篇一篇自己选出来的。若论个人能力,曾氏应在康有为、梁启超之上。

以前在政治上批判他,说他不该帮满清。在那个体制内,他不帮满清帮谁?说他是汉奸,那么清朝所有的汉人官员都是汉奸。虽然解放后大家都拿着范文澜的文章照本宣科地批判他,毛泽东却好像没有说过他什么坏话。毛自己承认,他"于近人独服曾文正"。

毛泽东和曾国藩的家乡我都去过,我发现他们两个人有不少共同的地方:都出生在离县城最远、最偏僻的乡村,从家里到县城一天不能走到,要在路上住一晚。老家有句谚语:"县到县,一百二;府到府,二百五。"从前没有汽车、摩托车,连脚踏车都没有,除了坐船,就是靠两条腿走路,一天最多走百把里,我走过,抗战胜利后从平江到长沙,就是走来的。

再有,他们都不是士大夫子弟,父亲只稍微读过一点书(曾家读得多一点),却都是家道处在上升阶段的富农。这两家的直线距离也很近。他们两个人离开家乡时,都已经娶妻成年,性格应该不是到外面再"形成"的。我觉得,作为地域文化的一种现象,这很值得研究。

你们要写曾国藩,就得写深一点,把他当作一个人来写。现在拍曾国藩的电视剧,我没有一部满意的,里面欧阳夫人叫自己丈夫道,"国藩啊……"

我提出曾国藩全集不能影印刻本,应该新编,那是在一九八三年,"汉奸卖国贼"的帽子还没摘啊,这全仗《走向世界丛书》已经有了点名气。国务院开会讨论古籍出版规划,全国出版社只通知三个人去,北京一个,上海一个,湖南我一个。拍来的电报说,让他本人来,本人不来,就不要派别的人来了。当时北京图书馆冀淑英老太太也参加开会,我就通过她去馆内查资料。那里也没手稿,但有台湾的影印本,我就拿那个东西和刻本作比较,来说服大家。

但湖南还有人反对,报纸也有批评文章。有一部分人确实是从理念上反对出曾国藩、出周作人,人家也应该享有发表意见的自由——扯远点,改革开放什么人最抵触呢?我乱讲啊,也许是不对的,就是解放初期进大学的,特别是学文科的,都是一个模子里翻出来的,不太愿意接受新事物。但还有一部分人,他其实不是反对出曾国藩、周作人,他们的书他可能看也没看过,而是反对主张出这些书的钟叔河,望着不顺眼。打起架来抄在手里就是棍子,曾国藩、周作人的书就是这种人的棍子。这类小人小事,值不得多谈,更不必跟他们纠缠,否则什么事情都干不成。

一九七九至一九八九年的十年间,我编辑出版的书数量不算少,但遗憾还多。《走向世界丛书》直到二〇〇八年才重印,售价已从最初单本几元钱涨到全套一千二百元。这跟我当年"(让读者)花最少的钱,买最好的书"的出版理念相距有点远。

难过和自责

○(钟叔河至今只去过四次北京,他却有宽广的视野,也还有公道、平和的心态,从他的说话、作文、做人中透出来。他在平反后终于找到了自己十九岁的女儿,她被孤儿院送到了内蒙古,并在那里结婚生子,丈夫是一个农村青年。"我们不好叫她甩掉那个人,她自己也不愿意。"在李锐的帮助下,小女儿一家终于回到长沙。现在第三代留英留美,真出现了"走向世界"的局面。于是最后我问他)能谈谈自己的家人和生活吗?

● 我的四个女儿,一个在美国,三个在长沙。她们每个人又各给我生了一个外孙女。一个跟她父母在美国,是南加州大学的博士;一个是英国纽卡斯尔大学的硕士,已回国,在深圳做事;一个在法国凡尔赛考上了巴黎景观设计师的国家执照;一个在美国读博士。可是做外祖母的朱纯却已经离我们而去了。

朱纯死去两年多了,到现在想起来还很难过。我判刑十年,关了九年才放出来。她带着三个小孩,还送了我母亲的终。我年轻时常闯祸,不顾家,不是一个好丈夫。坐牢出来倒是好些了,但还是不管家务,拖累了她。她为我付出的太多。对她不起的事情也有过,所以自责得很厉害。这两年我老得很快,我估计自己也活不太久了。

―――――――
* 原载 2009 年 6 月 1 日《南方人物周刊》

* 原题"钟叔河:我的杯很小,但我用我的杯喝水"

* 记者李宗陶

29　走向世界路正长

——2009.6 与《深圳晚报》

很多人知道钟叔河都是因为他主编的《走向世界丛书》,这套二十多年前出版的丛书在国内引起了轰动性效应。直到今天,很多中年人对于《走向世界丛书》仍然记忆犹新。二〇〇八年底,岳麓书社再次印行精装版《走向世界丛书》,这套丛书再次成为爱书人津津乐道的话题。

这次的再版,相隔近三十年,整个中国社会发生了巨大的变化,对于编者钟叔河来说,不知道是不是有一种恍如隔世的感觉。本报记者采访了钟叔河,请他聊《走向世界丛书》出版前后的故事,谈三十年后这套丛书仍然存在的意义。

狱中聊出的话题

〇先生二十多岁时在报社,一九五七年被错划为右派,"文革"中身陷囹圄长达九年,一九七九年落实政策以后才到湖南人民出版社从事编辑工作,《走向世界丛书》是不是先生编辑的第一套图书?

● 平反以后,我之所以没有选择回报社而到出版社,就是因为出版界的自由度比报社大一些,能够出一点自己想要出的书,首先是这套《走向世界丛书》。

从"反右"被开除,到"文革"被投进监狱,我一直在读书中不断探究国家、文明兴亡的规律。中国怎样才能成为一个现代化的国家,中国人怎样才能享受民主自由,是我一直思考的问题。思考的结论是:"反右"和"文革"使中国脱离了世界文明的正轨。

原来在报社也是做编辑,但毕竟离岗二十多年了。我重新来做编辑的时候,中国刚刚从闭关锁国状态中苏醒过来。这套丛书以比较宽广的视角,全面介绍了中国士大夫对西方文明最初的直接接触和了解,作者全是最早前往欧美日本的人,内容则多是游记和日记。

出版界的壮举

○ 媒体对《走向世界丛书》虽有不少报道,但读者仍然想听先生介绍一下您的编辑思想和编辑工作。

● 中国是个文明古国,有着很深厚的文化传统和民族习俗,这种传统使得国家很有凝聚力,同时也就是很有保守性。这里说的"保守"不是一个贬义词,而是一个中性词,有两面性。传统的保守性一方面保守了我们的文化,但也使我们的文化带有根深蒂固的内向和自负,使我们这个古老的民族从来都不是一个外向的民族。而到清朝灭亡的一九一一年,世界已经进入了全球文明的时代,不再是过去那样划分为不同地区的世界了。

一八四〇年以后,中国才慢慢有读书人走出国门,他们记录了在西方社会的见闻,也记录了自己对西方的看法。我的编辑工作,就是把他们的见闻和看法展示在当代人的面前。这些书等于对我们民族从封闭社会走向现代世界的历史,做了一番纵横观察。

编辑之初,我已经设定了框架:在我看来,从林则徐、魏源、容闳到康有为、严复、孙中山,一八四〇至一九一一年历史的曲折和起伏,是非常重要的过程。

编辑工作开始时没有电脑,要请人誊抄原稿,然后逐字校对,逐句标点,加旁批,做索引。考虑到如果分散地、一本本地出,不易使人留下印象,而且不一定什么人都能看懂。所以每本书前都要写很长的导言,介绍作者和他到外国去的背景,还要介绍其眼中的外国,透过记载,看出其心态和见识。每一本书的导言长的三万多字,少的也有一万多字。付印以后,又要几次校样。在湖南人民出版社开头时,编辑工作完全是一个人在搞。后来才找别人做了些点校工作,也只限于标点和校对,旁批和索引还得自己做。接着分来个大学生杨向群,肯做事,又勤快,能帮着看校样,做索引,又结婚去广州了。一九八五年调来了鄢琨,也是个肯做事的。还有个王杰成帮忙校对。这时自己当了总编辑,不能只编这一部丛书了,但仍得集中力量写导言,作批注,仍然相当累。因为是自己一直想要做的事,再累也不觉得苦。我后来的两部著作《从东方到西方》和《走向世界——中国人考察西方的历史》,前者就是叙论的合集,后者也是在这几十篇导言的基础上写成的。

"走向世界"远未过时

○ 一九八〇年八月《走向世界丛书》的第一本《环游地球新录》由湖南人民出版社出版,立即在社会上引起了强烈的反响。钱锺书、萧乾、陈原等人作了高度评价,《人民日报》、《光明日报》、《新华文摘》也都发表书评,称其为"一套学习近代史的好丛书"。作为编辑和出版人,先生的努力应该说是获得成功了。

● 三十年过去了,中国的改革开放取得了巨大成就,经济发展取得了长足的发展,开放程度也有了很大的提高,但"走向世界"的大目标我看仍未达到,丛书一百种的出版计划也未完成,哪里谈得到成功。

还有人质疑,一百多年前初出国门的人用文言文写成的这些书,如今再度拿出来印,是不是还有意义。我认为,这套书的现实意义,和三十年前并没有什么不同。"走向世界"是一个很长的过程,在中国还没有完成,前面的路还很长。

不错,这三十年中国确实发生了翻天覆地的变化,手机数量全球第一,上网人数仅次于美国,家用汽车越来越普及,出国也比过去容易了,走出国门的人越来越多。但这并不说明我们已经走向了世界。我们应该问一问自己,在物质上我们走向了世界,在内心是否走向了世界呢?我们是否融入了全球文明,是否接受了普世价值?

过去不让说"普世价值",一说就是"崇洋媚外"。其实,普世价值并不专属于西方,接受普世价值并不等于全盘接受西方的价值观念。普世价值也包含了东方文明(汉字文化)孕育产生的精华。过去常说,要取其精华,弃其糟粕,可见精华和糟粕都是客观存在的,既是精华,就当然具有普世价值。

既然莱布尼茨可以公开承认:"在实践哲学方面,欧洲人实不如中国人。"伏尔泰可以公开承认:欧洲对于中国文化,"应该赞美,惭愧,尤其是应该模仿"。他们能够看出中国的自然哲学和道德观念的普世价值,予以高度肯定。同为世界公民的我们,又怎么不该实事求是地说,西方确实有很多值得我们学习的东西。

学习外国,不仅仅是学工业,学农业,学国防,学科学技术,也要学文化,学观念,学经济,学政治。

三十年对于一个人来说是一段很长的岁月,但在历史的长河中却只是一瞬。我认为,中国走向世界的过程还在继续,这套丛书的现实意义仍然存在。

○ 请介绍《走向世界丛书》出书的情形和书目。

● 这要分成两段来谈,一九八三年以前在湖南人民出版社出版的有二十册(二十六种)。

※

一九八〇年十至十二月三册:

《环游地球新录》(李圭)

《欧洲十一国游记》(康有为)

《欧游杂录》(徐建寅)

※

一九八一年十二册:

《航海述奇》(张德彝)

《欧美环游记》(张德彝)

《英轺私记》(刘锡鸿)

《日本杂事诗广注》(黄遵宪)

《西洋杂志》(黎庶昌)

《癸卯旅行记》、《归潜记》(钱单士厘)

《新大陆游记》(梁启超)

《乘槎笔记》(斌椿)附《海录》(谢清高)

《出使四国日记》(薛福成)

《使西日记》(曾纪泽)附《使德日记》(李凤苞)

《初使泰西记》(志刚)

《西学东渐记》（容闳）

※

一九八二年四册：
《漫游随录》、《扶桑游记》（王韬）
《李鸿章历聘欧美记》（蔡尔康）
《出使九国日记》（戴鸿慈）
《随使法国记》（张德彝）

※

一九八三年一册：
《早期日本游记五种》（罗森等）

※

一九八四年因病和工作调动中止一年

※

一九八五年起在岳麓书社出版的有十大卷三十六种（其中重印湖南人民出版社的各种不再在括弧中具作者名，初印扩编的和新编的各种仍然具名）。

※

一九八五年八卷：
《西海纪游草》、《乘槎笔记》、《初使泰西记》、《航海述奇》、《欧美环游记》五种合一卷
《西学东渐记》、《游美洲日记》（祁兆熙）、《随使法国记》、《苏格兰游学指南》（林汝耀等）四种合一卷
《日本日记》、《甲午以前日本游记五种》、《扶桑游记》、

《日本杂事诗广注》八种合一卷

《伦敦与巴黎日记》(郭嵩焘)一卷

《出使英法俄国日记》(曾纪泽)一卷

《漫游随录》、《环游地球新录》、《西洋杂志》、《欧游杂录》四种合一卷

《出使英法义比四国日记》一卷(薛福成)

《欧洲十一国游记二种》、《新大陆游记及其他》、《癸卯旅行记》、《归潜记》五种合一卷

※

一九八六年二卷：

《英轺私记》、《随使英俄记》(张德彝)二种合一卷

《李鸿章历聘欧美记》、《出使九国日记》、《考察政治日记》(载泽)三种合一卷

---

* 原载 2009 年 6 月 22 日《深圳晚报》

* 原题"走向世界是一个长远的过程——钟叔河谈'走向世界丛书'"

* 记者刘琨亚

30　生活简单，思想复杂

—— 2009.7 与《新京报》

《新京报》二〇〇八年五月推出的"三十年阅读史"系列专题，以钟叔河主编、一九八〇年初版的《走向世界丛书》开篇。

时隔近三十年，装帧精美的岳麓书社再版《走向世界丛书》再次摆在了爱书人面前。钟叔河在《再版序言》中说："愿《走向世界丛书》能够引起更多读者的兴趣和思考，能够在中国'走向世界'的过程中起到更好的作用。"

钟叔河先生家的客厅很大，两边都是摆放文史图籍的书架。他的书桌位于窗边，收拾得很干净。客厅中央有一个台球桌，锻炼不多的他，偶尔会挥杆打打台球。钟先生的夫人朱纯和他相濡以沫几十年，前不久去世了。不知道是不是因为这样的原因，他把自己的时间排得满满的，手头好几部书稿在整理之中……

○ 我们的访谈可以慢慢地谈,谈谈您七十多年的岁月,谈谈一个老出版人的求索。

被划右派:错就错在有思想

● 我这个人,生活经历很简单,思想经历很复杂。我是一九三一年出生的,除了抗战八年、坐牢九年外,其余时间都在长沙。

我高中还没有毕业就"参干",一九四九年八月,通过地下党介绍,参加了新华社和《新湖南报》(后改名《湖南日报》)办的新闻干部训练班。训练班在新解放的长沙城中招收了一百五十多个大学生和高中生,也有个别初中生和研究生(还是浙大竺可桢带毕业的研究生)。上世纪即已全国闻名的朱正、刘硕良也在其中,但我们当时互不认识。朱正、刘硕良受完训后,一个分配到郴州,一个分配到广西,我却在九月开班前便到报社上了班。

参加工作之初,应该说是充满了热情。李锐和我的关系就是在那时候建立的,他那时候是《新湖南报》的社长。

我在报社的头两三年很顺利,写东西比较快,发表也较多。后来就在记者组当编辑,外地记者发回的稿子我先看一下,如果觉得好就可以发,文字上可以改一改,修饰修饰。但是我并不签名,也没有资格审稿,那是总编室主任和值班编委的权限。我改是可以改的,就是在改稿中结识了朱纯,她那时是驻衡阳的记者。

李锐、朱九思调走后,报纸越办越乏味,群众也越来越不喜欢看了,说报纸是布告牌、留声机。我有次去常德,见常德人休息时喜欢坐茶馆,写了一篇《常德的茶馆》,结果不让发。这时地主早就被镇压了,戴上了帽子,不敢去坐茶馆,坐茶馆的都是劳动人民,下了班,休息了,去坐一下,为什么写了不能发表呢?又见沈从文、周作人在《人民日报》上发表了文章(周署名"长年"),建议报社请他们写文章,也不行。

后来"反右"开始了,我作为"极右分子"被开除公职送劳动教养。反右的负责人对我说,你的错误比别人都严重,有的人成为右派,是因为在个人问题上或办报问题上对党不满;你不是的,你没有涉及个人的问题,也很少涉及具体工作问题,你的意见讲的都是"不民主"、"不自由","民主集中制有问题","不必太强调无产阶级专政"……这些都是根本问题,所以你的问题特别严重。用他的原话说,"你错就错在要思想,要胡思乱想"。"反右办公室"编印了一本十多万字的《继续揭发批判钟叔河的反党反社会主义罪行》,最重要的内容便是我自己写出来的四十八条。

我最初想不通:解放前我是个反对国民党专制独裁的民主青年,我并不"反党反社会主义"啊!这四十八条也不是特别"鸣放"出来"向党进攻"的,而是几年来平素发言和闲谈中流露的观点,自己觉得并不那么错,所以信口而出,想不到"运动"一来,全成了同志们检举揭发的材料。唉!恐怕真像他说的那样,"错就错在要思想"吧!其实他说可能是"有思想","有思想"不敢当,"要思想"倒是确实的,那就认了吧。

抱着弄清楚一些问题的目的,在被开除离开报社以后,我在做工糊口之余用心读书,主要读史,政治史、思想史、文化史……我认为今天是昨天的继续,希望从历史中找到现实的答案,并希望将自己思考的结果与人交流。结果,又有人检举、揭发我反对"文化大革命"的言论,又引来了九年牢狱之灾。

一九七〇年我被判刑十年。幸亏在谋生时学过几天机械制图,到劳改队后,这里正缺绘图技术人员,便把我分到机械厂的绘图室了。绘图室一位青年工人帮我从职工图书室陆续借来图书,我一有空就读。我深信,把无罪的人当作"反革命"的悲剧总有一天要结束。但是,我早已人到中年,身体被折磨得虚弱不堪,脊椎骨折、腰劳损、气管炎……在劳改队,偶然得见的潘汉年曾对四十五六的我说,"你还年轻"。这话给被关在黑暗牢房里的我增强了几分信心和力量。

投身出版：力主新编《曾国藩全集》

● 一九七九年三月，我被"提前释放"出狱，九月正式平反。我不想回报社，到湖南人民出版社后，做的第一件事就是编辑《走向世界丛书》。著名学者、国务院古籍整理出版规划小组组长李一氓说，"这确是我近年来所见到的最富有思想性、科学性和创造性的一套丛书"，钱锺书先生说，这套丛书"眼光普照，观察到欧、美以至日本文化的全面"。钱先生要董秀玉领我去他家见面，建议我将丛书叙论的材料写成一部书，主动为之作序。

解放前，我看过曾国藩的家书，也看过他的文章。我并不认为曾国藩能够解决今日中国的问题，因为他属于过去了的时代。但他是旧文化的最后一个集大成者，他的个人能力是出色的，在决策方面、组织协调方面，以及学术文化方面，他都是第一流的人才。他做实际工作时间不长，却做出了这么大的成绩，这是很了不起的一个人物。研究人才学，他是一个标本。另外，他在培养教育人，发现人才方面有独到之处。他的文笔也好，可读。

曾国藩不单纯是一个军事政治人物，他还是一个学者，有很高的文化，他深入研究了中国的传统文化，而且做了大量的编辑整理工作。中国的旧体制在当时走到了穷途末路,面对"三千年未有之变局",要么赶快实现现代化,跟上世界潮流,要么就是被世界潮流抛弃。在这个关键的时候,曾国藩作为传统文化的总代表,是值得深入研究的。把曾国藩的书列为禁书,是没有一点道理的。就是反对曾国藩,也得研究他的书,研究他的全部著作。周作人也是的,要批判周作人,就得看他的书,不看他的书怎么批判他呢,也批判不到点子上呀。而且,越是研究曾国藩,就越是可以发觉,连曾国藩这样有作为、有能力的人物都无法挽救旧体制的崩溃,那只能说这个旧体制的确到了不能不崩溃的时候,这能够更深刻地说明旧中国必须改变。

一九八三年,李一氓因为《走向世界丛书》的缘故,让我去北京开会。在京西宾馆的会上,我做了发言,《走向世界丛书》这时无须讲了,我就讲曾国藩的全集必须要新编出版。国家规划原来只允许影印刻本《曾文正公全集》,我说那不行,原来删掉和漏掉了大量的书信和批牍,还有不少其他集外文,都必须收集编印,把曾国藩的所有资料编成一部"大全集"。我跑到北京图书馆去,把旧的刻本和新发现的材料同时搬到会场上,一篇一篇、一条一条指出旧版本为什么不完善,不能简单地影印。就这样,新编《曾国藩全集》才列入了规划。

一九八四年,我调到岳麓书社当了总编辑,此时,书社已经将《曾国藩全集》列入了选题,分配了一位学中文的潘君做责任编辑。我去了以后,发现潘君更适合编文学书,便决定改由邓云生(唐浩明)来当责任编辑。邓学过工程,我觉得这正好是他的一个优点,因为学工的人经过科学技术的训练,工作方法比较周密。我对他说,你搞《曾国藩全集》正好,学过工科是你的优势,何况你后来还是文科研究生呢。于是便调整分工,让唐浩明来做《曾国藩全集》的责任编辑。

出版理念:站在提供资料的立场

为了出《曾国藩全集》,我承受了很大压力。唐浩明后来因为写小说《曾国藩》出名了,但当时还没有出名。我却已经搞了《走向世界丛书》,在全国有了一点影响。在湖南,我在一九五七年是个大右派,报纸上登头条,大家都知道,岳麓书社的总编辑又是我,所以最初这个压力主要只能由我来承受。

《曾国藩全集》付印的头一本《家书》出版后,《湖南日报》发了一篇大文章《如此家书有何益?》,反对出这个书。还有人向省委告状,说曾国藩是汉奸刽子手,岳麓书社为何如此热心出他的全集,"不出我们的学术成果"。我对社里同志们说,沉住气,我们不必和个人去争论,这种争论一开展起来,就会没完没了。只要在国际上,至少在全国范围内造成了正面的影响,只要大家觉得这个书出得好,反对的声音自然就压下去了。

很快,内地、香港、美国的报纸都发表了评论,把湖南新编《曾国藩全集》比成"爆炸了一颗文化上的原子弹",都说出版曾国藩的书是大好事。省里面做官的人和负责审读的人,他们其实并不在乎事情本身的是非,只在乎"上头"和全国舆论界是肯定还是否定这个事情。"上头"和舆论界肯定了这个事情,他就不会多说多管了。

有人后来却说:"策划新编曾国藩的书没什么值得提的,《曾文正公全集》光绪年间就刻印了,民国时期到处印,列入规划算什么呀!"现在来看,印曾国藩的书当然不算什么,但上世纪八十年代初的情况又是怎样的呢,讨论出版规划的会说这话的人也没有去呀!当然,他说他的,那没有关系,我也并不认为提议、策划出一部书有什么"值得提的"。现在是你来问我,叫我说,我才说嘛。我说,做这件事情,开始是出于我的本心,后来是我当总编辑的责任;选派适当的人当责编,也是我分内应该做的。如果这部书还有缺点,作为总编辑,首先也是我的责任。

我从来不认为别人发表文章批评反对是什么了不起的事情。今天还有人不赞成出曾国藩的书,出周作人的书,也没有关系。提倡自由,不能只意味着我要自由,别人也要自由,也有他说话的自由。曾国藩的书和周作人的书,一万年以后还会存在的；对曾国藩和周作人的评价各有不同，会发生争论，也是一万年以后还会存在的。我认为，评价曾国藩和周作人是一回事，提供完整的资料又是一回事。我一般不去读评论曾国藩或者周作人的文章，更不去参加争论，那样反而会妨碍书的编辑出版。我总是站在提供资料的立场，这样就立于不败之地了。我只说，要肯定他，要批评他，都得看他的书，不看他的书，讲的很多话就没有常识。这样立论最站得住脚。虽然我一直在出书，在出书方面我却没有受过来自北京的任何批评，没有被抓过辫子。

我认为，在出版政策上，如果觉得这个人"倾向好"，他的东西就发表，就尽量多给他出版；那个人的"倾向不好"，就不准出他的书，有价值的东西也不出，这本身使是一种反文化的态度。

与名人交：和周作人的不解之缘

● 我从小就喜欢看周作人的书，从抗战前《初中国文读本》上的文章看起，这是我哥哥姐姐的读本，里面收有很多人的文章。别人的文章初读很有味，像朱自清的《匆匆》、《背影》、《荷塘月色》都很好读，但多读几遍就没有很多味了。周作人的文章和别人的不同，他的文章初看不怎么样，甚至还有些看不懂，但是越看越懂得多了些就越有味，越看越觉得有意思。

上世纪五十年代早期,我在报社的时候,到旧书店翻旧书,见了他的书就买。看了他翻译希腊诸神的名字不用通常的译名,写信去问,他回答说他是按古希腊文对音的,名从主人,别人翻译都是从英文翻译的,它是希腊神,应该按希腊文读音用我们的汉字直译。他这个主张,当然也有人不同意,因为学英文的是大多数,很多人翻译都是从英文转译。此后我就和他直接通信,和他联系,并没说我是右派,但说过我生活困难,没有办法购置比较像样的纸笔,也没讲我是板车夫,只说我以劳动维生,没有很多时间和力量买书,他给我回信,寄书给我,我不可能不对他心怀感激。因为他毕竟是"五四"老作家,而我只是一个拉板车的。

当自己从事出版时,我就想把周作人的书都印出来,我认为印出来会有人看的。周作人的确跟日本人合作过,这个事情的详情我不很了解,有的人说有地下工作者的支持,他也做过一些有益的工作,这个可能有,也可能没有。但他跟陈独秀、李大钊有交情是真的,李大钊的子女他掩护过也是真的,更不必说当初毛泽东、周恩来都去八道湾他家里看过他,向他请教过的事了。其实这些事也不重要,我感兴趣的是他的文章有文学价值,有文化价值。我把周作人定位为文化学者,他的纯文学作品并不是很多。他谈科学,谈自然,谈妇女儿童,谈历史问题,各种问题都谈,他对人生、对文化的观点,我认为比较深刻。

于是当我有可能选题出书时,便立即编印了一部《知堂书话》,这是新中国成立后出版的第一部署名"周作人著"的新书。接着,我又策划重印《自己的园地》、《雨天的书》等他的原著。

出这些书的阻力就更大了。湖南很多人反对,告状、告密,说我出了曾国藩又出周作人,偏爱汉奸,却不出革命回忆录,不出老同志的诗。事实也确实如此,岳麓书社是古籍出版社,我只出死人的东西。为此,我还得罪了一位副省级干部黄道奇,他拿他的一本诗稿让我看,希望我帮他出版。我说我不懂旧诗,你的诗写得好我也没办法给你出版,因为岳麓书社只出古人的东西,李锐同志的书我也没有出。这样就把他得罪了,他就写文章说我"左",说我看不起旧体诗,说我偏爱周作人,说周作人也不是古人。周作人确实不算古人,但他现在也不是大活人呀。所以我不管,照样出周作人,不出黄道奇他们的东西。我这个人就是这样,从不看"官"们的脸色,从不拍"官"们的马屁,顶多不当这个总编辑就是了嘛,这实在是无足轻重的。

于是我这个总编辑终于干不下去了。这倒不一定是黄道奇的意思,也不完全是出周作人书的问题。而是省局来社里组织了一场选举,一人一票选总编辑,我落选了,自然得离开。当时讲湖南出书"三种人":《查泰莱夫人的情人》、《丑陋的中国人》,加上周作人。后来我才知道,幸亏有胡乔木看重周作人的文章,我才没有出更大的麻烦。

"三种人"中两种与我有关。《查泰莱夫人的情人》是我提供的本子,湖南人民出版社印的,害了朱正。因为岳麓书社不能印译文,不然我就自己印了。现在,这个事情已经变成笑料。《查泰莱夫人的情人》是世界名著,出这样的书有什么问题?作者认同现代文明,提倡人类过正常的生活,跟贵族家庭、虚伪的旧道德决裂。查泰莱夫人的丈夫是个废人,她找一个男人是合情合理的,但旧体制不能接受,找同阶级的贵族做情人没问题,找个照料花园的工人就是不能接受,这个问题是有社会意义的。劳伦斯是伟大的作家,他写性有思想。性是人们现实生活的一部分,为什么写不得?当然你可以作道德说教,男女之事尽管可以干,最好不要写,这也是一家之言。但是,你用行政命令来处分出版者,那就是完全错误的。

作为"被告密者"谈告密

● "文化大革命"中,我被告密最多。平时在一起聊聊天,扯扯谈,"运动"一来,他就把我告出去了。有个姓谢的右派,他被别人当成猎物追,他就告诉猎人,另一个目标比他更重要,他想减轻自己的问题。其实这是错误理解了当时的政策"坦白从宽",说你多交代,多检举,可以从宽。其实完全没有这么回事。你交代的越多,你的罪越重。你检举别人,"他会跟你谈这些东西,你当时为什么没有报告?"但是姓谢的没有这样清醒的头脑。我说"文化大革命是自己反自己","《红楼梦》、《史记》都烧掉以后难得再印",这样的话他都检举交代了,结果我判十年,他判十五年。

体制不改变,这种检举、揭发也就是告密是经常会有的。现在它叫举报,举报贪污,很好。思想意识方面的问题,文化方面的问题也这样搞,那问题就大了。上面需要这样的材料,下面就会有炮制和提供这些材料的人。这类人有几种,一种是出于本能:"这是周作人的,大逆不道啊,怎么能出呢?"这还可以原谅,他有他的自由,有他发表意见的权利。另外还有一种人,他恨的不是周作人,而是钟叔河:"钟叔河看不起我,骂了我,现在钟要出周作人,我就要举报。"其实他并不了解周作人,他甚至完全没有看过周作人,不过是拿这个事情当棍子。为什么会不断出现这样的小人呢?很值得人们深思。

---

*原载2009年7月2日《新京报》
*原题"老出版人回忆半个多世纪的文化、思想历程 / 钟叔河:我这个人,生活简单,思想复杂"
*记者张弘

31　圆了一个梦
——2009.7 与《文学报》

○《周作人散文全集》的出版,是文学界的一件大事,《文学报》不能不来访问您,请您谈谈。

● 这是件我一直想要做的事,最终总算做成了,圆了自己一个多年的梦。

《全集》凡十五卷,六百余万字,以编年体形式辑录了周作人一八九八至一九六六年五十八年间的全部散文作品及部分可以视为散文作品的日记、诗歌、序跋和译文,集外文和未刊稿超过了三分之一。

编散文全集的目的是存文,因为我喜欢周作人的文章,觉得这样的文章值得存。从十来岁初读《金鱼、鹦鹉、叭儿狗》(后来才知道是从《看云集·金鱼》摘录收入初中国文读本中的)时"一见钟情",到而立之年与八道湾十一号八十老翁鱼雁往还,"平反改正"后又举半生之力编辑他的作品,对知堂散文的喜爱我几十年一以贯之。

周作人散文的价值不仅仅在文学上,他的文章写得好自不必说,但更重要的则是它的文化价值。我最看重的不是他的抒情描写,而是他的社会人类学的考察,他的中外文化比较研究,还有他对传统文化遗产和"债务"的分析。

《周作人散文全集》的一大亮点是六十余万字的索引卷,这件事是鄢琨做的,所以只署了鄢琨的名。周作人文章同题异文、同文异题的很多。他的文风又是大量"抄书",引用的西文和日文书籍很多并无中文译本,所引中文书籍亦多为常人所罕见,没有索引不便阅读。索引卷分为全集篇目索引、主题分类索引、人名索引、书名索引等,为读者及研究者提供了便利与帮助。

在编辑知堂作品的几十年中,遇到过很多困难,从上到下的都有,告密揭发,查问限制,发了稿一压好几年。然而,不服输的性格让我终于一偿夙愿,浩繁的编订工作带来的劳累也就不算什么了。

要体会知堂散文中的苦味,的确需要一点人生阅历。个人的辛苦不算什么,民族的辛苦多少总该懂一点。我也不特别倡导青年读周作人,能读就读,不能读不必勉强。

---

* 原载2009年7月2日《文学报》

* 原题"《周作人散文全集》让我圆梦"

* 记者乔亮

32　谈谈周作人

—— 2009.7 与《河北青年报》

○《周作人散文全集》出版以后，不少读者想了解周作人，也想了解您。请您跟大家谈谈周作人，也谈谈您和周作人的事情。

文章有深意，也不乏幽默

● 我和周作人有点缘分。十来岁时对他的文章"一见钟情"，三十来岁时曾经和他通过信，五十来岁又开始编印他的书。

七十年前看兄姊的"国文读本"，便喜欢上了周作人。同时也看到了谢冰心、叶圣陶、朱自清等人的文章，一开头它们比周作人的更容易吸引我的注意，《故乡的野菜》还不如《匆匆》好懂，也不容易上口。抗战时期平江乡下最缺乏的是新书，所以一本书我看了好几年，读过不知多少遍，读久了，慢慢才领略到周作人文章之美，实在超过了其他的人。周作人的散文越读越有味,有深意,也不缺乏幽默,每次读都有不同的体会。

二十世纪五十年代末,我在长沙街道上当板车工人,白天流大汗,晚上在暗淡的十五支光的电灯下,用红格子"材料纸"给八道湾十一号(周作人)写信,意外地很快便得到回信,还收到了题赠的书和写在宣纸上的诗:"半生写文字,计数近千万。……饲虎恐未能,遇狼亦已惯。出入新潮中,意思终一贯。只恨欠精进,回顾增感叹。"这让我激动不已。我把这首诗看成是前辈文人的一份厚赠,八十老翁何所求,从"五四"新潮中走过来的老者,居然认为我这个三十来岁的板车夫还能懂得他的文章。

想"有模有样"地出书不容易

● 从初识周作人到开始为周作人出书,时间过去了四十多年。二十世纪八十年代,我到出版社工作后不久,便动手选编了一部《知堂书话》,这是中国大陆一九四九年后第一部署名"周作人著"的新书。接着,又着手重印《自己的园地》、《雨天的书》等"周作人自编文集"。我在北京报纸上登了一条"重印周作人著作"的广告,词云:

"人归人,文归文。周作人其人的是非功过是另一问题,其文之主要内容是对传统文化和国民性进行反思,对中西和中日的文化历史作比较研究,今之读者却不妨一读。"

即使说过了"人归人,文归文",重印周作人作品的事情仍然进行得并不顺利,及至一九八九年,我在岳麓书社落选下台,这件工作就完全中断了,广告过的三十五种"自编文集"终于未能出齐。

我一直都有这个心愿,就是要使周作人的作品首先是散文作品像模像样地印出来。离休之后,我不用再受约束,编书成了个人的事,想编什么就编什么。但真要认真地编书出书也不容易,到一九九四年才将周氏的大部分散文作品编成十卷,以《周作人分类文编》的书名交给湖南文艺出版社,又一直拖到一九九八年出版社拿到新闻出版总署的批复以后,才得付印出版,因为有个老局长一直在大声疾呼"不该出汉奸的书"。

把搜集到的作品全编进来

● 我想做,愿做,认为应该做的事,是不怕有人反对的。因为他反对得没有道理,所以他越是反对,我越是坚持要做,而且要做得越好。湖南的出版社"积威之下"难作为,《分类文编》是"顶风而上"的产品,是框框里头的产品,又不是作为全集而编的,还有好几十万字的文章没有编进去。于是,我只好继续努力,决定重新编一部自己比较满意的周作人散文全集。

编全集就是要把能够搜集到的周作人全部散文作品都编进来,并加以校订。它的目的是存文,至于因文而论人,或不论文而论人,则超过了我的能力,也不是我的本心。所以我自己不写周作人,也不参加关于周作人的讨论,一心一意就只编书。"散文全集"的编辑工作历时五年,所有文字都据不同版本和手稿认真校订,改正了上千处"手民之误"和上百处作者的笔误,一一出注,以示负责。

这部全集收录了周作人全部散文作品及有关的日记、诗歌、书信、序跋和译文,涵盖了《周作人文类编》和《周作人自编文集》的全部内容,并有超过三分之一的集外文和未刊稿为首次编年面世。

我自己不会写文章,但有时也写一写,却从来不写关于周氏的文章,因为写了别人就会认为我出书是因为个人的好恶,认为我"有倾向"。现在气氛已经有了变化,出周作人书没有什么压力了,我却没有精力再来写了,我把希望寄托在比我年轻的人身上。止庵也编过不少周氏兄弟的书,他有思想,有能力,以后的事就要等他们来做了。后来居上,我虽居下流,心里也是高兴的。

文章的主旨全是文化批判

● 我认为,鲁迅和周作人两兄弟的历史观、社会观和文学观,有很多都是一致的。他们是最深刻地批判旧文化中消极东西的两个人,其深刻性现在也没人能够超越。在周作人的文章里,找不到反人文、反社会主义的话,全是对文化专制和思想统治的批判,对蔑视自由的意识形态的深恶痛绝。在这方面,周作人绝不逊于鲁迅。

据斯诺夫人海伦提供的原始采访记录,斯诺于一九三三年二月二十一日以书面形式向鲁迅提出了三十六个问题,鲁迅一一作了回答。斯诺问鲁迅新文化运动以来中国出现的最好的散文作家是谁,鲁迅答道:"周作人、林语堂、周树人(鲁迅)、陈独秀、梁启超。"将周作人列在所有人包括他自己之前。

　　巴金也曾表达过对周作人文章的喜爱。在李辉的《与巴金谈沈从文》中,记有巴金谈到周作人文章的两句话,一句是"周作人的文章写得好",还有一句是"人归人,文章还是好文章。"在我写"文归文,人归人"的广告词时,李辉还未曾采访巴金。所以我开玩笑说:"鄙人所见,盖与巴老略同。"

---

* 原载 2009 年 7 月 8 日《河北青年报》

* 原题"周氏兄弟很多观点是一致的——钟叔河谈《周作人散文全集》"

* 记者赵丽肖

33　编书和写书
——2009.7 与《晨报周刊》

一九七〇年,已被打成"右派"的钟叔河,因为"污蔑攻击伟大的无产阶级文化大革命",又被判了十年徒刑,他的狱友之一是朱正。据朱正说,就在监牢中,"中国走向世界"的思路,已经在钟叔河的脑子中逐渐成型。出狱后一年,钟叔河编辑的《走向世界丛书》第一本就面世了。

二〇〇九年,被称为"目前出版的周作人最全的集子"的钟编《周作人散文全集》在广西师大出版社出版,这离他第一次和周作人通信,已相距四十多年。四十多年的时间也许并不算太长,因为在钟叔河看来,"曾国藩的书和周作人的书,千百年以后也会存在的"。

钟叔河从不说周作人没有问题,他认为周作人问题的根源也是他的软弱性——旧文人的劣根性。他也认为,曾国藩只能救清朝于一时,根本不可能使中国走上现代化的道路;不过在旧的体制和文化走到穷途末路时,面对现代化这么一个起死回生的重要转变关头,曾国藩作为旧体制和旧文化的总代表,确实具有极为重要的个案价值。

[走向世界丛书]

○ 您曾经说过,在您被打成"右派"以后,在"文化大革命"的监牢里,编《走向世界丛书》的理念在慢慢形成,同朱正也聊到过。你们是怎么聊的?

● 我们为什么会坐牢呢,我们既没有乱搞男女关系,也没有贪污受贿打群架,没有闹事也没有反社会,就是"思想有问题"。"反右"的负责人说我"错就错在要思想",他们就是不允许人思想,专制独裁就怕人们思想。我们聊到过:只要有三分之一的人像我们这样,"四人帮"一套就行不通。也不必怎么跟他对着干,只要他说的我不听就是了。叫我早请示晚汇报高声喊万岁,我不喊,绝大部分人都不喊,他就没有办法了。

在街道上当右派也不能不说话,坐在牢里也不能不说话,犯人们说得最多的是吃,再一个是性。我和朱正是读书人,不会专门谈食色,有些话题只能我俩谈。我们的苦恼,就是中国脱离了人类文明进步的大道,脱离了世界历史发展的正轨。世界进步了,我们却停滞了。我们在一九四九年以前看过不少报纸,解放后自己办报,办得比一九四九年以前的还没有味,于是一九五七年才宁愿丢掉党报的铁饭碗。其实党报的工作条件还是很好的,我的级别也不很低,苦恼的并不是个人待遇不好,而是思想不自由,不能不屈从"舆论一律"的限制和环境。如果中国能够改变这种禁锢的政策,改变一味压制的政策,走向全球文明,我们的问题就解决了。我们所要求的无非就是这样,就是和全人类一起走在同一条大道上。

○ 您这个判断对我的启发很大,之前我们谈了大量的湖湘文化的传承,觉得朱熹那会怎么怎么,宋明理学怎么怎么。但实际上,真正湖南人有作为,只能从魏源算起,才开创中国走向世界的关键时期。我们是否可以这样说,理解湖湘文化的关键,应该看湖南人在"中国如何走向世界"的进程中的思想和成就?

● 历史上的湖南是个很封闭很偏僻的地方,清朝雍正年间才设省。湖南虽不是政治意义上的边疆,却是汉文化的边缘,所以沈从文才将湘西叫做"边城"。走向世界的思潮却为什么很早出现在湖南人身上呢?因为洋人是从广东进来的,从澳门、广州那些地方来的。湖南紧挨着广东,洋人进来首当其冲,原来又是非常封闭保守的,那反差就特别明显,反差特别明显的地方冲突就特别强烈。我父亲曾告诉过我,他在进时务学堂之前,在很年轻的时候,就曾到湘江边朝洋船扔石头。有很多保守的人像我父亲早年那样的,逢"洋"必反。先知先觉的先进分子如魏源、郭嵩焘者,正是在这种充满矛盾冲突的地方才会冒尖出来,"相剋相生,相反相成",人才作育的道理正是这样的,我在《论郭嵩焘》文中有详细论述,这里就不多说了。

研究文化史,不能只研究文人的著作。文化是社会人群精神生活和物质生活的总和,应该注意研究普通百姓的生活状况和意识形态。文人和普通百姓是两码事,老子、庄子的哲学思想现在的大学生都难于领会,先秦时的老百姓跟他们更是相差十万八千里,他们并不能代表当时楚国和宋国的普通人,他们远远超过了那时的众人。研究地域文化对于中国这么一个大国来说是有意义的,但"走向世界"绝不是湖湘一地的问题。魏源在全国来说都是最早主张走向世界的人,走向世界是全中国的问题,把他归属于"湖湘文化"是贬低了魏源。

○ 在当时的精英层里,走得最远的是哪个?

● 思想水平最高的是郭嵩焘,他的思想言论远远超出同时代的人,因此不能够被理解。左宗棠做的事比郭嵩焘多,但在我看来,百年以后,郭嵩焘的历史地位要比左宗棠高。这里我要指出很重要的一点,光靠著书立说宣传应该"走向世界",是无法走向世界的。即使是郭嵩焘,他也有局限,局限很大。他们中有些人,走向世界是被动的,很多是被派出去的,很少是主动的。当然不管怎么样出去,出去了就会发生作用。起决定作用的还是全民素质的提高,要使人们脱离阿Q和小D的精神状态,就得努力做启蒙的工作;还要有七十年代末八十年代初的邓小平那样的人来倡导改革,贯彻实行"改革开放"的方针。

○ 现在呢,您觉得我们已经走向世界了吗?

● 我认为走向世界的前景肯定是光明的,但中国要完全走向世界却是很难的。走向世界是一个长远的过程,是一个历史阶段。中国要走向世界,可能比非洲有些国家还难。那些国家没有这么深厚的传统。传统文化是一把双刃剑,它确实源远流长,但保守性也很强。"皇汉医学"(请允许我借用日本名词)确实比其他民族的原始医药有效,保证汉族成了全球人种中最大的种群。汉人的繁殖力也特强,我就生了四个女儿,如果不当右派,肯定还会生。这也是汉文化保守、传承、再生能力强之一证,我是受了益的。我绝不是一个反传统文化的人。正因为传统文化确实有优点,有长处,它才能够保守,没"本钱"的人不会保守。保守也不是贬义词,能够保守住自己继承的遗产,不做败家子,这当然好。但继承得来的不仅是遗产,同时还有债务。祖宗遗留下来的债务,阿Q、小D、赵高、李斯、秦始皇……他们欠下的"来生账"重得很。尤其是习惯依附于权力的读书人,很难接受独立自由的价值观。像我和朱正这样的人,在这种"主流"中始终会被视为"异类"。

○ 那在您看来,究竟怎样才算是走向世界了呢?

● 走向世界这个过程本身很漫长,要到中国完全融入全球文明了,才是真的走向世界了。所谓走向世界,就是走向外部世界。走向世界的一个标志,就是价值观和世界趋同。

[周作人散文全集]

○ 我听您说过几次,编完《周作人散文全集》以后,就不会再编别的书了。

● 其实现在出这个散文全集,远没有八十年代在岳麓书社开始出周作人的书那么有意义,那就是《知堂书话》,一九四九年以后出的第一本署名周作人的书。我搞那个书是付出了代价的,不能在岳麓书社搞下去了,那是原因之一。湖南出版界批判"三种人",其中的周作人只和我有关。局里和社里都有人反对出周作人,反对出周作人,就是为了不让我再当这个总编辑。

○ 一九九八年终于能够出版《周作人文类编》,是不是因为胡乔木帮了忙?

● 出《知堂书话》是一九八五年我到岳麓书社第二年的事,当时本想出更多的周作人的书,广告都在《光明日报》上打出来了。但湖南出版局有位离休老局长想争"韬奋奖",为了表现自己"一直坚持正确的出版方向",四处宣称应制止钟某人"偏爱汉奸,大出周作人",把省出版系统有的人吓住了。他们说出书"必须慎之又慎",除非先报告北京批准。那时北京的主管部门还是文化部出版局,当然最高领导是中宣部。《知堂书话》和《自己的园地》等刚面世时,我在文化部出版局偶遇中宣部的一位副部长,彼此并不相识,不知怎的他却将我叫住,大声地说,"钟叔河!你出周作人,要适可而止啊!"这使我意识到,这件事已经在中宣部"挂了号",似乎并不看好。那么,为什么后来又批准了呢,黄裳告诉我,是胡乔木力排众议,不顾别人反对,才批准的,省里才拿到了批文。头一个批文还带了框框,说钟某人是一个认真负责的编辑(大意),如果由他来编,周作人的书是可以出一点的,但是不能够出全集、文集,只有抗战前和解放后的文章可以出。《分类文编》虽然"突破"了一点框框,仍不能完全不受约束,所以编得并不理想。

○ 胡乔木为什么会支持呢?

● 胡乔木读过周作人,他读得懂。他也知道毛泽东对周作人的态度。建党之前,在北大图书馆做管理员时的毛泽东到过八道湾,他到那里去是去看周作人,而不是看鲁迅,是去请周作人介绍日本的"新村",准备在岳麓山下蔡和森租住的地方(今新民学会纪念馆)也建个"新村"。那时候周作人是宣传"新村",宣传社会主义的,他去过日本的"新村",写了好些文章。

出了《知堂书话》后,本来我想接着出周氏自编的各种文集,也就是二十年后河北教育出版社印的那三十多本书。但那位副部长的话不能不使我顾虑,个人触霉头没啥,弄出个禁令来,事情就搞不成了。钱锺书先生告诉我,胡乔木和他在清华同学时,也是个周作人迷。于是我就寄了本我做的《周作人儿童杂事诗笺释》(是文化部属下的"文化艺术出版社"出版的)给胡乔木,附上一页信说,我想编一部《知堂文化论集》(也就是《周作人文类编》),不知道行不行。很快他就回了一封信,说是"谢谢你寄书,祝你的《知堂文化论集》获得成功"。我想这就是北京终于解禁,并且在批文中提到钟某人的原因。

○ 后来您又编《周作人散文全集》,将日本占领北平时期的文章也收录进来了,这些文章的思想倾向和抗战前解放后的文章有什么不同吗?

● 没什么不同。周作人和日本人合作过是事实,当然"教育督办"这样的事他是不应该做的,可是他却做了,这说明他身上同样有旧文人的劣根性,他不是一种能坚强抗拒的人。但这并不影响他的文章之美,不影响他批判旧文化的深刻性,我以为。

解放以后,共产党对周作人其实是照顾的。他解放后的文章总体上还是"一以贯之",但也有一些迎合和附会,有几篇骂"蒋二秃子",解放后骂蒋是毫无危险了,但因此也就毫无意义了,就像现在骂周作人一样。他还骂"傅大胖子",无非是抗战胜利后俞平伯等人联名保他,胡适、蒋梦麟也为他作证,只有傅斯年不肯签字,而且还劝胡适不要签。记这种恨,为文泄恨,这就有点像鲁迅,像绍兴师爷了。

周作人的气量比鲁迅大得多,但多少也有点绍兴师爷的习性。日本占领时期,他生沈启无的气,宣布对沈"破门",也是师爷气的表现。这些文字我并不喜欢,编全集却不能不收。

现代中国的政治,主要是国共两党的斗争,周作人对国民党从来不抱好感。从辛亥前开始,他对章太炎、陶成章的态度,就好过对孙文、陈其美、蒋介石。对北洋政府和后来的国民政府,他并不认同,更无论国民党职业的党棍了。倒是在早期的共产党人中,他却有一些朋友,陈独秀给他的信有好多封,李大钊死后的事也是他料理的,让李葆华躲在他家,并且让其去日本留学(避难)。沦陷时期李大钊的女儿去延安,也是他给路条路费。

许广平说周作人很自私,一天到晚坐在屋子里读自己的书写自己的文章,连院子里花开花落都不知道。这算是什么缺点错误呢?对一个读书人来说,恐怕正是一种修养、一种风度。

[学其短]

〇 您现在手头修订的是自己的《学其短》书稿吧,为什么要写这么一部书呢?

● 开始是为了给外孙女儿看,她在长沙一中读高中时,我想帮助她读一点古文。我在翻中英、中俄对照的书时发现,汉语比外国文字简短得多,古汉语又比现代汉语简短得多。文言文是老祖宗留下的一宗遗产,值得学,学它的简练。报刊编辑见到了,要拿去发表,于是写一篇发表一篇,发表了再拿给她看。我选文标准是,第一,必须是一篇完整的文章;第二,要短在一百字以内;第三,是我喜欢的文章。

○ 除了这些短文的今译,您还写下了很多个人的所感和所思?

● "就题发挥,借题发挥",这是我写这些东西的"八字诀"。不借题光"发挥"的文章很可能发表不出来,报刊编者怕"触电",分散在这一大本书里,用这种形式,就可以印出来了。

○ "学其短"的文章很多是应用文,它们怎么表达情感?

● 古文的感情表达很含蓄。五代十国时有个吴越国王,他给妻子写过一封信,"陌上花开,可缓缓归矣"。如今年轻人发手机短信谈情说爱,恐怕很难写出如此短又如此动人的文字。

我以前写过一篇文章《千年谁与再招魂》,借用周作人诗句为题,介绍敦煌出土的一枚汉简,只有十四个字:"奉谨以琅玕一致问春君幸毋相忘",这是两千多年前的一封信,可称"千古情书"。它的原件现藏台湾"中研院"历史语言研究所,是傅斯年创建的史语研究中心,很有学术水平。它的照片登在一本叫《流沙坠简》的书上,这书比我们出的很多图册好。我曾开玩笑:都说"唯楚有材",才人应该是浪漫的,应该写得出"幸毋相忘"这样的简牍;可是我所见湖南出土的简牍,却绝无像《致春君》这样表现才情的,湖南人的心思都用在记账和向上司问好上面了。

---

*原载 2009 年 7 月 15 日《晨报周刊》
*原题"光靠'走向世界'的这些人是走不向世界的"
*记者袁复生

34 书评和书话

—— 2009.11 与《新京报》

○ 请介绍两本今年的新书,并请对时下的书评谈点看法。

● 今年出版的新书我看得不多,印象较好的有苏州王稼句的随笔新作《听橹小集》(中华书局)。其中有几篇文章令我印象很深,比如《话说蛙戏》写古代艺人训练青蛙表演。作者读了很多古人的笔记,说明"蛙戏"不只偶见于一时一地,并不是捏造的"天方夜谭",这就有了民俗文化和动物行为学的研究价值。另外还有上海出的一套大书《金性尧全集》(百家出版社)。金性尧的文笔好,和张爱玲同时出道,周作人为他写过序。

我极少写书评,自己水平低,评不了。我觉得,书评最重要的一点,就是不能熟人之间互相吹捧。现在好像是没有宗派了,但还有圈子。一个圈子里头有哪几个人,围在圈子外边又有哪些人,常看文章的人都是心知肚明的。兴味相投,声气相通,偶尔互相吹捧一下也是人情之常,过多地形诸笔墨就有点讨嫌了。这一边是吹捧,那一边就不免要攻讦。书评却最好不要攻讦,尤其是不要带个人意气,不要沦为鲁迅最喜欢打的那种"笔墨官司"。我甚至希望,书评版能够少发一些意气之争的"书评",多发一些娓娓而谈、益人心智的书话。

---

* 原载 2009 年 11 月 7 日《新京报》

* 书面答问

35　谈"时务学堂"

——2010.4 与《长沙晚报》

○ 近有消息说,中山西路时务学堂旧址有可能恢复。如果恢复时务学堂,将会给我们的城市带来怎样的影响?

● 谈到时务学堂,我总不能忘情。记得五六岁时有次父亲"躲生日"出门,带着我坐在黄包车上,曾指着中山西路北边的一处建筑,告诉我:"你快要进学堂了,进了学堂要好好读书。这里是我进学堂的地方,蔡锷便是从这里读书读出来的。"

后来才知道,父亲所指的地方,便曾经是他在清朝末年读过的时务学堂的所在地。清光绪二十三年丁酉(公元一八九七年),先父昌言公(字佩箴)考入时务学堂,为第二班外课生,入学后听过梁启超的课。教他数学的许奎元,教他地理的邹代钧,都是著名学者。可惜好景不长,第二年"戊戌政变"后,学堂被改为"求实书院"(随后又改为"湖南大学堂"),维新派人士散去,父亲就只得埋头学他的数学了。

很多年前，我曾在《长沙晚报》上撰文呼吁，"时务学堂"是中国现代化历史上有纪念碑意义的一处故址，希望有谁能拿出修三皇五帝陵墓的百分之一、千分之一的钱，将梁启超的题记刻石嵌在中山西路三贵街口的墙壁上，再在附近广场上（正好地名也叫"老照壁"）建一座照壁式的浮雕，为梁启超、谭嗣同、黄遵宪和陈宝箴、三立父子诸人造像，陈三立背后可以站着陈衡恪（师曾，时年二十来岁，已可助父工作），手里可以牵着陈寅恪（生于距三贵街不远的周达武故宅，时年七岁）。学生则可以蔡锷、范源濂、杨树达作为代表（章士钊一贯依附权势，鄙其为人，就不列了）。将这些历史文化名人的姓名，分别刻在各人身边，光凭这点，便可以大大提高湖南和长沙的知名度。这实在比花大价钱造"杜甫江阁"之类假古董好得多，杜甫当时流落长沙，靠摆地摊、卖草药糊口，哪能造如此富丽堂皇的"江阁"？他诗中的所谓"江阁"，应该是暂时栖身的破旧城楼。

---

* 原载2010年4月30日《长沙晚报》

* 原题"重建时务学堂可大大提高长沙知名度"

* 记者任大猛

36 不伤知音稀

—— 2010.6 与《深圳晚报》

○ 在这两年的出版界,可能没有哪一个人比您的风头更健——虽然您已经离休在家多年。《走向世界丛书》的重印、《周作人散文全集》的出版、《念楼学短合集》的成书,让人们对您的认识不再局限于"出版家"这个头衔。

● 《念楼学短合集》五本,包含了我先后在《文汇报》、《新京报》、《新闻出版报》、《出版广角》等报刊上发表的专栏文五百三十篇。这些本是当年为了教孙辈学会写文章而作的。我挑选了一些短篇的古文(学其短),加上自己的释读(念楼读)和发挥(念楼曰),这是构成每一篇文字的三个部分。学其短,说短也真短,只有四篇原文超过了一百字(百零一字和百零二字的各两篇)。一九九一年九月间,《新闻出版报》有人看到了我的手稿,建议发表。我当时同意发表,主要是因为纸笔写的稿子难得保存。报纸上登出来,四个外孙女一人一份,自己保存也方便些。

这次出书最让我高兴的是,近百岁高龄的杨绛先生专门为《合集》撰写了序言。当年我的《走向世界》一书有钱锺书先生作序,双序珠玉交辉,正是人间佳话。杨先生说过,《走向世界》的序言,是钱先生平生主动为人作序的"唯一"。她看过我的《学其短》专栏,也曾来信鼓励,这样我才敢向她求序,她便写了。钱先生和杨先生都是我的前辈,他们对我的工作的许可,我十分感谢。

谈到《念楼学短》的文字,我并没有采取人们熟悉的"古文今译"的方式,事实上我对教师教学生的那种"今译"并无兴趣,我只是拿了我所喜欢的古文来读,将我的读法与人同享,再将其当作酒浆,来浇自己胸间的块垒。"反右"和"文革"批斗我时,常用的一条罪名"借古讽今——借题发挥",就是这么一回事。

周作人民国七年(一九一八)写过一篇文章,题云"古诗今译",介绍一首他自己用口语来译的两千年前的希腊古诗,有警句云:"真要译得好,只有不译。"我的"古文今译",恐怕也是如此。我总认为,古文直译很难表现原文的意趣,因为过去和现在的语词、语义和语境都不同了。语言是不断变化的东西,古今名词、动词、语法都不同,意译也许还较能表达原文的意思,直译(鲁迅提倡的硬译)是不行的。

古代的经史子集,是不是都要今译,译成白话文,这样才能学习传统文化呢?我看也未必吧。诸子群经本不必工农兵都来读,要研究文史哲,那是一世的工夫,费点力先学懂文言文,正如医学生得先学懂拉丁文一样,正是必由之道,此外不会有什么其他的捷径。

从文体发展的角度历史地来看,"五四"以后的白话文运动当然是一种进步,但文言文自有他的优点,文字简练,而且比较定型。自从隋唐以后,历经宋、元、明、清,直到民国初年的王闿运和林(纾)、严(复),文体基本上和韩、柳、欧、苏时没有什么变化,读书人都能看懂。白话则发展变化很快,方言复杂分歧,时间久远,意思反而会不大好懂。元朝的诏书还有些永乐的上谕,全部用白话,到现在最难看得懂。

我不是语文教员,不想教别人作文,写这些东西的初衷是给自己的外孙女学习,后来别人要发表,就借古人的文章来表达一点自己的所思所感。如果人们能够认真去读,应该多多少少会从中得到一些东西。怕就怕没有人能思我之所思,感我之所感,比如我说苏东坡被下放,他便说下放是党锻炼干部的措施,贬谪是封建帝王惩治臣子的手段,"二者不是一回事",以他之察察,对我的叨叨,那就是我最大的悲哀了。"不惜歌者苦,但伤知音稀",这两句古诗很能形容我当时的心情;但现在我并不伤知音稀了,因为像钱杨二老那样支持鼓励我的读者总还是会有的。

● 作为编辑,平反以后我最想做的事情有两件:一件是编一套《走向世界丛书》,一件是编一套《周作人散文全集》。现在这两件事情都已经做了,虽然做得不够好,但我觉得对自己也有个交代了。

平反以后,我之所以不肯回报社,而是到了出版社,是因为出版社做事的空间大些,自由度比报社大些,能够出一点自己想出的书,首先就是《走向世界丛书》。

《走向世界丛书》的想法,应该说也是逐渐形成的。我是一个喜欢交朋友的人,有的朋友好谈诗词文字,有的朋友讲究生活趣味,也有朋友较多思想上的交流,共同探讨过国家和文明兴亡的规律。我们认为"文革"使中国脱离了世界文明进步的正常轨道,使得一些普世价值观被摒弃。中国是个古国,有着深厚的文化传统和民族习性,但精华和糟粕共存,一方面很有凝聚力,另一方面又故步自封,非常保守。所以,中国要改变,要进步,就不能不走向世界。

顺便说一句,我们汉人从来就不是一个走向世界的外向的民族,汉伐北漠,唐征西域,那是被匈奴、突厥逼出来的,尽管争胜于一时,大部分时间还是闭关自守的。至于拔都的远征欧洲,弘历的"十全武功",那都是汉人做了亡国奴以后的事。如今有的外国人害怕中国崛起会对外侵略,称霸世界,实在是杞人忧天,太没有历史知识了。历史上汉人开疆殖民算得上成功的,除了河北石家庄(真定)人"蛮夷大长老夫臣(赵)佗"和郑芝龙父子之外,实在难得再找出几个。

到了十九世纪,世界早已经进入全球文明时期,不再像过去那样,存在着互相孤立的不同地区了。从一八四〇年开始,中国人开始走向世界,他们记录下在西方的见闻,也记录了自己对西方的看法,我做的工作就是把这些见闻和看法展示在人们的面前。这些书等于对我们民族从封闭社会走向现代世界的历史,做了一番纵横观察。

在当时做这样一件事情,的确是有一些意义的。我为每本书都写了叙论,另外还写了两部专著:《走向世界——中国人考察西方的历史》和《从东方到西方》,用历史事实阐明我自己这方面的观点。

从早期"走向世界"人们的书中能够看出,办洋务,搞维新,也就是争取现代化,这不仅仅是办现代工业,办现代农业,搞现代国防,搞现代科学技术的问题,而是改革整个经济政治,改变思想意识形态的大问题。这个问题还远未得到解决,中国走向世界的过程还在继续,《走向世界丛书》仍然有现实的意义。

● 编辑《周作人散文全集》的心愿,既源于我不止一次说过的我对他文章的爱好,亦源于我落难时他对我所表示的一点交情。读《希腊的神与英雄》时因为希腊诸神的译名弄不明白向出版社写信请教,收到他的回信,才知道署名"周遐寿"的译者就是周作人。他告诉我,人名都是照希腊原音翻译过来的,他认为这样比按英文读音译更合理。

于是我就直接给他写信,我没有说我是右派,只说我生活困难,没有办法购买比较像样的纸笔;也没有说我是板车夫,只说我以劳动维生,没有很多的时间和力量求书。他就给我回信,寄书,在当时那种情况下,我不可能不对他怀有感激之情。如今来编印他的全集,也算是一点回报吧。

《走向世界丛书》只出了三十六种,是很多人都感到遗憾的一件事情。其实其他六十四种的资料是齐备的,有的书还已经标点好,只要付印就行了。最好有出版社能找到真能沉下心来继续做这件事的人,来完成这套丛书。如果没有,我会考虑将将这批资料另行妥善处理,毕竟当时都是自己花精力收集起来的。

我现在老了,不可能再编书了,也不想再写文章。我还想做的事情是写一本自传,为自己的一生作一个交代,给同时代也许还有下一代的读者一个交代,希望他们之中能够有更多的知音。

---

* 原载 2010 年 6 月 20 日《深圳晚报》

* 原题"不惜歌者苦,但伤知音稀"

* 记者刘琨亚

37　从鸦片战争说起

——2010.7 与《新京报》

文化特质：保守——不全是贬义

○ 自明末利玛窦到晚清马礼逊，基督教文明一直在敲中国的门，但真正"西学东渐"的大潮，还是在一八四○年之后才汹涌澎湃。在您看来，鸦片战争之前，满清帝国的对外文化交流情况是怎样的？

● 这个世界上所有的国家和民族，其现代化的历史，都是"走向世界"的历史。从各自起源、互相隔绝的古老文明走向全球文明，全世界所有的国家无不"率由此道"，不过起步有早有迟，进度有快有慢罢了。中国的传统文化太强势、太悠久，太"足乎己无待于外"，所以"走向世界"起步晚，进度也慢些。

○ 不是今天很多人还常常讲传统文化优越性吗？

● 是的，有优越性是肯定的，但有太多的优越感就不好了。中国的确是文明古国,但古老的文明都有一个特点,就是保守性强。

○ 您强调中国文化的"保守性",那么"保守"是一个贬义词吗?

● 不是的,"保守"是一个中性词,能保守也是一种优越性。如果我们不能保守,怎么能保持四千年不中断的文明传统呢？正因为我们有很强的保守意识,所以我们这个有四千年文明历史的汉民族没有被征服,没有被迫迁徙,也没有被分化瓦解。但保守性也带来了很多毛病,它是一把双刃剑。

○ 于是导致了从明代延续到清朝的"闭关锁国",您觉得这时期的中国真的是铁板一块吗？

● 不能说是铁板一块,"闭关锁国"乃是国家政策层面的说法。明洪武年间严禁"民人造大船下海往外国买卖,正犯比照谋叛已行律处斩,仍枭首示众,全家发边卫充军",就是闭关锁国的政策措施。但是你不准去,不等于他不会来,所以对外的接触和联系始终不会完全等于零。比方说,日本就经常有人来,唐诗人王维、李白和贾岛都有写给来华日本人的诗作,日本官方曾大规模派出"遣唐使",公开表示要全面地学习中国,可是中国总觉得没有必要学习日本。实际上,日本第一次突飞猛进,就由于汉化；其第二次突飞猛进,则由于西化。

○ 说到"外向"与保守,您觉得这是不同的民族特质吗?

● 中世纪以前大多数的国家都是保守的。欧洲中世纪黑暗时代的文明程度远逊于东方。欧洲也好,日本也好,都不是一开始就很外向的,但他们没有中国这么强大的凝聚力和保守性。日本在一八五四年以前对英美也是实行"锁国"的,"锁国"就是一个日文名词。

历史误会:世界的中心在哪里

○ 有资料显示,自一八一一年马礼逊在中国出版西方图书的第一部中译本,到一九一一年清王朝崩溃,一百年间中国翻译出版的西学书籍达二千二百余种,且其中一千五百余种出自最近十年间,超过了前九十年总数的两倍。那么,就翻译出版领域而言,鸦片战争给中国带来了怎样的变化?

● 欧洲人到中国来传播西方文化,同时又将中国文化传播到西方去,最早最出名的是明万历年间来华的意大利天主教士利玛窦,他和艾儒略、金尼阁等人携来欧洲图书七千部以上,向达先生以为"比之玄奘求经西竺,盖不多让"。他带来了并未将中国画在世界中心而是画在远东的《坤舆全图》,引起了传统士大夫的猛烈抨击。有个叫魏濬的人写了篇《利(玛窦)说荒唐惑世》云:"中国当居正中,而图置稍西(西当作东),……焉得谓中国如此蕞尔,而居于图之近北,其肆谈无忌若此!"可见七千多部西文图书虽然辛辛苦苦地运来了,这些书有没有人看,看不看得懂,却并不一定。

鸦片战争前后,欧洲人把一些中国古书翻译到外国去,发现很多数学知识中国古代就知道,比如"勾三股四弦五";但三角学、几何学仍然是在西方建立的,我们只知其然而不知其所以然。中国人的心理是,外国人说他们有什么,那么我们就一定要说中国古已有之———有些事物也的确古已有之,但一没有普及,二没有上升为理论,"古已有之"又怎么样呢?

○ 说起来还是文化传统的问题。

● 中国的文化就是这样。我最不喜欢看这样的文章,比如总是讲我们的郑和航海如何了不起——"三宝太监下西洋"是事实,但"下西洋"不是为了文化交流,不是为了商业贸易,只是为了奉永乐皇帝旨意去海外打听建文帝的下落,附带搜求些"奇珍异宝"。郑和这个人自幼被阉入宫充太监,根本不可能学会航海(正如蔡伦根本不可能学会造纸);只因这是一项皇家机密任务,交给臣民去办不放心,得派身边听惯了吆喝的奴才去"监军",才派上了他。明朝的皇帝只相信宦官,觉得割掉生殖器的人没有野心不会造反,故明朝宦官为祸最烈,王振、刘瑾、魏忠贤都是例证,这是变态社会才会出现的变态表现。若是如今还要将一个宦官(生理和心理都是变态)的人,说成是"伟大的海军总司令",岂非笑话!

中国历史上有不少像这样值得怀疑的事情,但没有人敢质疑,因为你一开始质疑,马上就会有强大的反对声音来淹没你。利玛窦带来的世界地图,将中国置于远东(魏濬说"稍西"是错的,说"近北"也许不错,总之他缺少读图的基本常识),很多人就反对,中国要居天下之中嘛。本来"航海大发现"者是欧洲人,航程从大西洋出发,印度洋、太平洋是后来才发现的,所以最初航海者绘的世界以大西洋为中心,这跟子午线以格林尼治为基准,历法从基督出生起纪元一样,不过是一种"约定俗成",根本不涉及文化本位和国家尊严。既然世界地图将大西洋画在中心位置,那么称土耳其为"近东",阿拉伯为"中东",中国、日本为"远东",乃是自然之理,并不是什么"荒唐",更谈不到"惑世"。至今美国和欧洲所有的地图还是以大西洋为中心的。我看过利玛窦后来改画了献给万历皇帝的地图的照片,他很聪明,迎合皇帝老子的心理,把太平洋画在当中,中国就好像是"世界中心"了。其实这样画海洋占去了当中一大块,欧洲几十国挤在西北一隅,布局并不十分合理。

○ 您是觉得,鸦片战争前后的文化交流并未真正改变中国?

● 改变不大,我认为没有起根本变化。中国的思想传到西洋,就影响了西洋思想家,卢梭说给他最大影响的是中国人。西洋人肯承认我们的优越性,而我们呢?顺治皇帝的一个小儿子死了,在"钦天监"当差的德国人汤若望选日子下葬,选出的日期犯了中国风水的"六忌七煞",论罪竟要凌迟处死。幸好汤若望按公历推算的日食时间准确,反对汤若望历法的杨光先(杨的名言是"宁可使中国无好历法,不可使中国有西洋人")推算的时间不准确,谁对谁错,众目昭彰,这才留下他一条命。皇帝想知道哪天有日食,中国的老历法预告不出,才想要利用西洋的"技法",这就是所谓的"西学为用"。后来的"坚船利炮"论,只喊"工业救国"、"农业救国"、"科技救国",就是不讲"民主救国",都是一脉相承的。

留学浪潮:走出去的突破与遗憾

○ 在您看来,鸦片战争之后,西方教会学校在中国的大量兴办,以及清末派遣出国的相当多留学生,对中外文化交流及此后中国各个行业顶尖人才的培养,有着怎样的经验启示?

● 中国第一批"去西天取经"(借用毛泽东的话)的人,在思想认识上大有收获的,第一个要数郭嵩焘。古希腊先贤的思想,欧洲文艺复兴时期培根、笛卡尔等人的学说,在他的《伦敦与巴黎日记》中,都有很准确的介绍。郭嵩焘并不懂外文,英文他就找严复帮忙,法文就找马建忠。严复和马建忠的确是出洋留学造就的不可多得的人才,严复是从马尾船政学堂到英国去学海军的,不到一年时间,他就可以向郭嵩焘介绍亚当·斯密的国富论,介绍培根的学理了。

○ 在当时向西方学习的浪潮中,中国留学生有怎样的特点?

● 研究严复和郭嵩焘在欧洲的这段历史,就可以发现一个问题:日本留学欧洲的有二百多人,中国只有十几个人,这十几个人全都是学海军的(严复的人文科学知识全是课外自学得来的),而日本留学生"学兵法者甚少",大部分都是学政治、经济、法律。郭嵩焘对此感慨不已,他认为,学习坚船利炮只是务"末",只能算抓住枝节,学习"政教"(政治和教育)才是务"本"——抓住了根本。

○ 这在当时是很难得的见识。

● 对。郭嵩焘还说过:"西洋君德"比不上中国"三代令主",但是他们的"国政一公之臣民,其君不以为私","巴力门(Parliament,议会)有维持国是之义,买阿亚(Mayor,民选市长)有顺从民愿之情",比尧舜禹汤的人治更加靠得住些。他的认识水平远远超过了同时代人的水平。

○ 但是变革的酝酿,面临着强大的阻碍。

● 鸦片战争打开了中国的大门,后来我们也看到了很多人办洋务,搞维新,喊变法。如果把中国的情况和日本作比较,日本原先比中国还要封闭得厉害,日本幕府将军的统治比中国更严密。美国人打开日本的门户,比英国人打开中国迟了十三年。中国人最早翻译了欧几里得几何学,日本人最早翻译的是荷兰人的解剖学,在译书这方面,日本比中国又迟了一百六十八年。日本幕府时期的将军,曾经多次拒绝外国通商的要求,最后也是被迫开放的。事实说明,日本的开放并不比中国早。但是日本一旦开放起来,就开始大量翻译外国的政治、经济、法律著作,大批地派人出去学政治,学经济,学法律,学成回国就用这些人来主持国政,没过十几二十年,就弄得中国要从日文来转译欧美的书了。

古今之辨:我们的问题是思想现代化

○ 回顾鸦片战争以来一百七十年的历史,中国在现代化的道路上走了多远?

● 我们现在的生活肯定是现代化了。好比说我家的保姆,她用的手机比我的手机还新。我的女儿和女婿在美国生活了很多年,他们却并不用手机,因为不需要。问题是物质生活现代化了,头脑却没有现代化。

○ 很多固有观念的扭转需要很长时期,甚至几代人的努力,西学与传统文化的纷争也从未停息。

● 是的。咱们经常抱怨别人有"西化"我们的心思,唉,别人西化你,你也可以"东化"他们嘛。利玛窦当年就把中国的书翻译到欧洲,理雅各译的七大本《中国经典》至今还为西方汉学家所必读,这种"东化"对他们并没有构成什么危险,对世界文明是有益的嘛!

○ 欧洲人在和中国的文化交流中发现了什么,使得他们受益?

● 伏尔泰那一代欧洲文艺复兴时期的启蒙思想家,他们就认为,中国人可以来欧洲教授礼仪,以及怎样对待自然。伏尔泰的说法可能有点偏,但是并不错,中国文化确实有很多优越的东西,优秀的传统,比如庄子和老子的哲学,讲究人与自然的调和,但是后来中国人自己却认为道家思想是消极的。

○ 现代化的进程总是伴随着苦痛挣扎,这可能也是必经的过程。

● 问题在于,现在人们讲的现代化,只是产业的现代化,物质的现代化,而不是思想的现代化,社会组织形态的现代化。三驾马车,两边的马使劲跑,中间那匹跛了脚,或是脚发软跑不动,迟早会出问题。

○ 那么对于这种问题,解决的路子在哪里?或者说在您长久以来的观察中,有无改观和进步?

● 我觉得现在还是有些变化的,并且仍然在变化发展的过程中。三十多年前我还在劳改,不可能像现在这样坐下来和你谈论问题,也不可能编辑和介绍中国人走向世界的记述。物质现代化当然好,但是问题也很多。你看富士康这个大工厂很先进吧,跳楼的工人那么多,这能叫现代化的企业、现代化的社会吗?

———————

* 原载2010年7月1日《新京报》

* 原题"从鸦片战争艰难走向世界"

* 记者武云溥

38　出版也要有理想

——2010.9 与《新京报》

○ 请介绍一下你早年的阅读和写作。

● 我是一九三一年出生的,除了抗战八年,坐牢九年外,其余时间都生活在长沙。抗战八年在平江老家,那时候新书很难到平江去,我就只能看家里的古旧书。古书没有很多适合儿童看的,不懂的书也拿来看,《史记》、《左传》很难懂,最后找到一本《阅微草堂笔记》,开头也看不太懂,很多字不认识,看多了,慢慢就认识了。我现在有时读字读错音,就因为我是自己"认识"这些字的。不认识的字慢慢看懂了,就自己给它一个音,读错的音就是这样来的。比识字更难的是通词义,《阅微草堂笔记》中常见有"承尘"两个字,书生夜读,忽听得承尘上有响动,抬头一看,美丽女子的纤纤小脚,接着整个人儿就下降寒斋了。这个"承尘"是什么意思呢?到后来才明白它就是天花板,而抗战时的平江,没有一间房子有天花板,抬头看到的就是瓦。

我也看过几本大姐寒暑假回乡的新书,像"西风社"编的《天才梦》,是以张爱玲的篇名为书名的,为我读张之始,还有一本《创痕》。等到抗战胜利到长沙读高中,便开始如饥似渴的读了大量的翻译文学名著。应该说,民国以来用白话文翻译的外国小说,陀思妥耶夫斯基、巴尔扎克、狄更斯……在这两三年中基本上都看完了。我看书看得比较快,长篇小说一般总能在一天之内看完,那时候看了就记得。

后来兴趣慢慢转到了社科书,克鲁泡特金的《我的自传》和《互助论》给我的印象很深。生存竞争当然是生物进化的动力,但作者认为,生物在竞争的同时也在互助,从低等生物到高等生物都有互助的本能,如果不互助,不依靠群体的力量,个体便无法生存。他讲蚂蚁的互助,蜜蜂的互助,类人猿的互助,原始人的互助,我看得很有兴趣。

阅读对我的写作和出版生涯有直接的影响。从前没有更多信息传播渠道,阅读是通向外部世界的唯一窗口。因为阅读的影响,除了学校的作文以外,我比较早就开始了个人的写作。最早是十三四岁时用文言文写的一部笔记叫《蛛窗述闻》,文字当然幼稚,但大体还算通顺。旧体诗也学着写过一些,成绩还不如散文。新诗则于一九四八年起在长沙的报纸上发表过几首,也很幼稚。

阅读在我的生活中占有很重的分量。尽管现在信息渠道多,电脑上可以阅读。但是,读书还是不可替代的,不止于读,有时还不禁掩卷深思。只有开卷细读,才能掩卷深思。

○ 对当前的书刊出版可否谈一点看法。

● 我的理想,简单点说,就是能够在一个自由的环境里读书和写作。没有自由,就没有文化,也少有可读的书刊。现在的自由度,比起"反右"和"文化大革命"时来,已经大得多了。我们办报刊、搞出版的人,只要能够充分利用国家政策法令允许的"自由度"和"自由空间",还是做得不少事情的。令人不可理解同时又很沮丧的是,上级主管部门还没那么严格,下面发稿和审读的人却总是先意承志,拼死命也要把关把得更严,对自己头上那顶小小乌纱帽比父母健康看得还要重。比如,有些内容"上头"并没说不允许出版,总编、社长、审读小组却要把好好的书稿"毙"掉。比如我最近出版的《小西门集》,就在南京和上海的出版社里积压了两三年,最后还是被退了稿。什么文化价值,什么人文关怀,在这些人心目中全比不上千儿几百元审读费和自己那个芝麻绿豆官。这样作茧自缚,这样过分自律,原因全是因为自私和苟且。这些出版人没有一点自己的理想,没有任何激情和追求,更不用讲什么文化的自觉了。这让我觉得很悲哀,替这些人悲哀。

我希望做出版的人能够有一点理想,有一点追求。

○ 您愿意向读者推荐一本书吗?

● 我推荐杨绛的《洗澡》，它写上世纪五十年代的知识分子改造，挺有意思。这本书写的是知识分子第一次经受的"思想改造运动"——当时泛称"三反"，又称"脱裤子，割尾巴"，知识分子听不惯这种粗鄙的说法，宁愿称之为"洗澡"。《洗澡》中的人物和钱锺书《围城》中的人物，现在还活在我们周围，不过讲话的词儿和语气已经"与时俱进"，和六七十年以前自然是不同了。

――――――――

* 原载 2010 年 9 月 25 日《新京报》

* 记者方绪晓

39　不很适应时下的风气
—— 2010.10 与《潇湘晨报》

○ 您拥有好些头衔:"长沙出版界四骑士",《走向世界丛书》主编,韬奋出版奖获得者……

● 都不值一提。什么"四骑士",那是萧乾乱写的,我当时就不承认。《走向世界丛书》上也没署什么"主编",我从不喜欢当"主编",自己挂个名,事叫别人做。小时候读书,青年时挨整,甚至在朱正介绍我到出版社来时,还有人说我骄傲,不希望我来。其实我没什么值得骄傲的,编几本书有什么可骄傲呢? 我没有读过多少书,中学都没毕业就做编辑——幸好没毕业,不然的话,那就赶不上"离休"了。(大笑)

每天花在阅读写作上的时间,与退休前一样多

○ 您家的客厅与其说是客厅,不如说是书房,这么多书。看得出来,生活在书中的您,是一个平易近人的智慧老人,喜欢和我们这样的年轻人聊天。

● 我不是一个很聪明的人,如果按鲁迅《聪明人、傻子和奴才》三种人来划两根线,我大概刚好在区分傻子和聪明人的这根线上。因为刚好在线上,所以算不上聪明,还有一些傻气,如果不傻,一九五七年就不会当右派,一九七〇年也不会坐牢。

我没有太多的爱好,就是看看书,想写又写得出时写点文章。有些老人喜爱的打麻将、唱歌、跳舞等活动从不沾边。阅读和写作就是我如今生活的全部内容,花的时间大体和离休以前相当。其实写也写得不多,写不出不能硬写嘛。但书总是看不完的,因为不断有人寄书寄报刊来。新书亦未必本本都看,那就看自己的旧书,旧书不厌百回读嘛。坐在楼上不想走动,主要是懒,朱纯死了,自己也一年比一年老了,又正好作为懒的借口。以前我一个月下楼一趟,去理发店,现在叫女婿来家里帮我剪,连这个都省下了。外面的理发店收费越来越贵,剪得却越来越差。

所谓"出版界四骑士",那是萧乾文章中写的

○ 萧乾写文章,将您列为"长沙出版界四骑士"之首,为什么说他是乱写呢?

● 萧乾写文章当然出于好意,他写的四个人,有的学贯中西,有的年长于我,怎能将我"为首",这就很不妥。"骑士"用在这里也不伦不类,我早熟早衰,当时即已是个糟老头,还"骑士"呢,岂不怕人笑掉大牙。所以我一见到文章就说,这完全不对头嘛,萧乾他这样写,我管不了,但我不承认,好像还有一两位也不承认,那就付之一笑算了吧。

如今,我给自己的定位是:一个不合时宜的老人。我不是很适合时下的社会风气,对很多事情、很多活动,都可以说有些格格不入。在"离休老干部"群中,也可以说是一个异类。有的"老领导"写了文章,我会直说"你文章不行";当然,如果他写得好,我也会说他写得好。对于年轻人,我也只喜欢能干("能"做事,"干"得好)的人,不喜欢只有一副聪明的面相和嘴巴,太会活动,太喜欢拍马屁的人。

出版事业还是值得做的,但我想说的是,做出版传媒能取得多大的成功,最终取决于产品的质量以及它们在国际国内市场上的影响力。我们应该继续多出书,出好书,出十年、二十年甚至更久以后还能重印的书,出在文化人中可以产生影响力的书,不能老鼠缘秤钩——自称自,专靠宣传作秀花架子。

直到现在,仍坚持认为自己"入错了行"

○ 您在自撰的简历中说:"我有个很大的毛病,形体上比较疏懒,内心里也不求上进。我从没想过以文字为职业。我本该去做一个手艺人。"这是怎么回事呢?

● 直到现在,我仍然认为我做了错误的选择,入错了行。

其实也不是不喜欢写作,在我们读书的时候,发表文章比现在容易,长沙有上十家大报小报,随便发一篇短文也至少会有一块银元的稿费,可以拿来买书或者请同学喝咖啡。一九四九年八月进到报社,完全是因为有个女孩子去报考新闻干部训练班,我跟着一起去考,那时十八岁还不到,完全是头脑发热。考后一两天就通知我去,说是报社马上要人做事,你不必受训,直接来上班好了。时过境迁,我至今仍然后悔当时的轻率。我喜欢文字,看重文字,却不想以文字谋生。

是的,如果时间能倒转,我可能会是一个手艺人,手艺人也有挣大钱的啊(大笑)。我是个很能够做手艺的人,你现在看到的,我书架上的这些装饰品,大都是我亲手做的。我做模型,绘图,都做得不坏,和朱纯一起,靠手艺养活了一家五口人。

----

* 原载 2010 年 10 月 29 日《潇湘晨报》

* 原题"我不是很适合现在的社会"

* 记者陈琳

40 目标就是 One World
——2011.3 与《潇湘晨报》

我的脑袋不是很聪明,但我用我的脑袋思考

○"我的杯很小,但我用我的杯喝水。"先生将法国诗人缪赛的这句诗印在自己书的封面上,这话有什么特别的意思呢?

● 我不过是想说:我的脑袋不是很聪明,但我用我的脑袋思考。

○《万象》杂志曾经刊登过一篇先生的小文《角先生及其他》,人们知道"角先生"是一种古代女子自慰的器具,可见先生有时也写写趣味性的文章。

● 周作人、潘光旦的文章都不讳言性事。古代中国文人科学精神缺乏,信古书信传说胜过了信观察信实验。潘光旦译注蔼理斯《性心理学研究》,引前人笔记提到的士大夫们讳言却又确实存在的"角先生"之类"伪器",慨叹翔实的记录太少。我读明人谢在杭《五杂组》塞上无夫之妇利用肉苁蓉植株自淫的记述,觉得对于想要了解古代社会风俗和妇女生活的后人而言,其贡献实在远胜于做八股写颂圣诗文,于是写了这篇文章。

中国读书人的遗传病一是软骨病,天生的依附于权力和权威,缺乏独立的精神和人格;二是视力障碍,无法凭自己的观察看清事物,养成了只能按指示行动的劣根性,很多观念都不是通过自己的经验和教训得来的,而是从先圣昔贤领袖导师的教育和著作中看来的。比如我们的成语,腐草为萤、囊萤映雪,我们的典故,郑和出洋、蔡伦造纸,都是不符合逻辑的,也不符合常识。

我自己十三四岁的时候,曾经试着在大月亮的晚上站在雪地里看小说,结果却只能看清几个独立的字,想读完一页根本不行。萤火虫呢?明朝的"浮白主人"就质问过:"你大白天花时间去捉萤火虫,怎么不用这些时间读书?"

蔡伦和郑和都是宦官,从小被阉割入深宫,他们怎么可能会造纸、会航海?那是有专业知识和技术的人才能做得来的。当时的皇帝只不过派郑和(作为自己的心腹和耳目)去监督别人下海,命蔡伦挑选民间造好的纸呈送上来使用,怎能说这些事情就是他们做的呢?

古希腊和欧洲的学者注重观察和实验,中国则多遵循教导,相信权威。从小我们就被教导,你要听话,听话就是好孩子。有没有思想,愿不愿思想,能不能思想,没人关心。

出"汉奸书"引起轰动,证明并未做错

○ 一九七九年出狱之后,先生到出版社编辑出版了《走向世界丛书》,接着又规划出版曾国藩和周作人的书,在当时都是突破禁区的惊人之举,引起的震动都是很大的。

● 一九八三年,李一氓看了《走向世界丛书》后,通知我去北京开会。在京西宾馆的会上,我提出湖南有大量曾国藩的未刊稿,曾国藩的书必须要扩大规模,重新编辑出版。国家规划本只准备将原来的《曾文正公全集》影印出版,我不赞成。为了说服大家,我跑到北京图书馆去,把刻本《曾文正公全集》和影印资料搬到会场上,一篇一篇、一条一条对照,指出旧版本不完善,不能简单地影印。就这样,新编《曾国藩全集》才列入了规划。有人说,曾国藩谁不知道,列入选题有什么稀奇?我也觉得并不稀奇,稀奇的是说这话的人他为什么不早些将它列入选题,早些动手来做。

《曾国藩全集·家书》出版后,有人在《湖南日报》上发表文章《如此家书有何益》——反对出这个书,并向省委告状,说曾国藩是汉奸刽子手。对此我不予置理。我从不和个人论战,如果这样,这种论战就变成了一种个人之争。我说,我们只要把书出好,只要在国际上、在全国范围内造成正面的影响,只要大家觉得这个书出得好,反对的声音自然就被压下去了。果然很快正面的评论就出来了,美国中文《北美日报》,把湖南新编《曾国藩全集》比成爆炸了一颗文化上的原子弹。

出周作人的书,更经历了不少波折。说我偏爱汉奸,说我"一再出汉奸的书"。说岳麓是古籍出版社,出曾国藩犹有可说,出周作人就"违反了专业分工,更没道理"。一位老局长亲自披挂上阵,四处奔走呼号,终于使周作人成为"反自由化"时"湖南出版三种人"之一。所幸时代毕竟不同了,总算没有被戴上帽子。

跟国际接轨,简单地说就是 one world

○ 近现代的著作者,先生最佩服的人是谁?

● 曾国藩和周作人。曾国藩是个很有能力和智慧的人。当然他是过去时代的人,不属于现代。周作人则完全是一个现代知识分子,他的著作和思想具有现代启蒙的意义。在讨论分析中国文化方面,周作人的水平决不逊于他的哥哥,在内容的深度和广度上还超过了他,因为比他多活了三十年,三十年要多读好多书,多做好多事呀!

○ 为什么要坚持出版曾、周他们的书?

● 曾国藩不只是一个政治人物,他是一个学者,有很高的水平,深入研究了中国的传统文化,而且做了大量编辑整理的工作。中国的旧文化在当时走到了穷途末路,面对现代化这么一个关头,要么本身实现现代化,跟上世界潮流,要么就是被世界潮流抛弃。在这个关键的时候,曾国藩作为中国文化的一个总代表人物,是不能不充分加以研究的。就是反对曾国藩,也得研究他的书,研究他的全部著作。周作人也是如此,而且他更具有现代的、现实的意义。

○ 上世纪五十年代,先生您有过一个"四十八条",因此被划右派。这四十八条主要讲什么?

● 讲要自由民主。第一条说的就是什么叫自由,自由就是由自己,这是胡适的话。自由民主这个东西,不是什么理论,而是生活的要求。我最看重周作人的,就是始终追求思想自由,而且说,这不是什么高深的道理,只是人情。人的本性要自由,这便是人情。人不能按指挥棒来生活,来讲话,来写文章。生活要多样性,要有选择的自由,这是人的内在要求,专制则是违反人性的。

○ 现在最关注什么?

● 也看电视,也看报纸。这个世界上发生了什么,我不能漠不关心,总该知道一点。中国曾经有过倒退,因为她偏离了她该走的轨道,走偏了。怎么才能一直进步,就是要跟国际接轨,跟世界潮流保持一致,你要认识到你自己跟别国的人并没有多少不同。你应该尊重一切值得尊重的东西，说得通俗点就是普世价值，也可以说就是"One world"，"一个世界"，奥运会的口号，而不是什么"两个阵营"、"三个世界"。我争取的就是 One World，目标就是 One World。

------

* 原载 2011 年 3 月 2 日《潇湘晨报》

* 原题"要尊重普世价值"

* 记者陈勇、王欢

出版后记

这是一部传记性的采访笔记。全书刊出了四十篇采访稿,向读者讲述了老一代出版人跌宕起伏的人生经历。如同一幅多角度的画像,细致勾勒出他的性格特征、生活历程;透过一个个生活镜头,深入了解他的出版理念和对中国传统文化和世界文明的省思,表现了他独特的洞见和思想;还有他对现代出版方向的重大影响,及其所编《走向世界丛书》对今日中国的现实意义。

在社会潮流激荡下,钟先生等一代知识分子的曲折经历恰恰成为这个时代的缩影,也折射出中国走向世界的艰难历程。他们受到西方价值观念的影响,同时又浸染在中国传统文化之中,这样的双重背景自然就产生了自我认知和外界环境的冲突,他们一再被拉离正常轨道,但仍坚持走向世界的道路。

在时代大潮中,一个个体命运的沉浮,一场社会的复杂变革,随着钟先生的讲述慢慢展开……

服务热线:133-6631-2326 139-1140-1220

读者服务:reader@hinabook.com

后浪出版咨询(北京)有限责任公司

2011年12月

图书在版编目(CIP)数据

与之言集／钟叔河著.——北京：世界图书出版公司北京公司，2011.8

ISBN 978-7-5100-3938-6

Ⅰ.①与… Ⅱ.①钟… Ⅲ.①钟叔河－自传 Ⅳ.①K825.42

中国版本图书馆 CIP 数据核字(2011)第 180612 号

与之言集

著　　者：钟叔河	筹划出版：银杏树下	出版统筹：吴兴元
责任编辑：马春华	营销推广：ONEBOOK	装帧制造：墨白空间

出　　　版：世界图书出版公司北京公司
出　版　人：张跃明
发　　　行：世界图书出版公司北京公司(北京朝内大街137号　邮编100010)
销　　　售：各地新华书店
印　　　刷：北京盛兰兄弟印刷装订有限公司
　　　　　　（北京市大兴区黄村镇西芦城　邮编102612）
开　　　本：787×1092毫米　1/32
印　　　张：8.5　插页4
字　　　数：150千
版　　　次：2012年4月第1版
印　　　次：2012年4月第1次印刷

读者服务：reader@hinabook.com 139-1140-1220
投稿服务：onebook@hinabook.com 133-6631-2326
购书服务：buy@hinabook.com 133-6657-3072
网上订购：www.hinabook.com（后浪官网）

ISBN 978-7-5100-3938-6/C·182　　　　　　定　价：29.80元

(如存在文字不清、漏印、缺页、倒页、脱页等印装质量问题，请与承印厂联系调换。联系电话:010-61232263)

版权所有　翻印必究